LUIZ RÔMULO FERNANDES SALOTO

RELIGIÃO TAMBÉM SE APRENDE 8

EDITORA SANTUÁRIO
Aparecida-SP

Direção Editorial: Pe. Flávio Cavalca de Castro, C.Ss.R.
Pe. Carlos Eduardo Catalfo, C.Ss.R.
Coordenação Editorial: Elizabeth dos Santos Reis
Copidesque: Leila C. Diniz Fernandes
Revisão: Marilena Floriano
Vanini Nazareth Oliveira Reis
Diagramação: Marcelo Antonio Sanna
Capa: Marco Antônio Santos Reis

Ilustrações tiradas do clip Art CD-ROM da Corel Corporation

Dados Internacionais de Catalogação na Publicação (CIP)
(Câmara Brasileira do Livro, SP, Brasil)

Saloto, Luiz Rômulo Fernandes
Religião também se aprende / Luiz Rômulo Fernandes Saloto. — Aparecida, SP: Editora Santuário, 2002. — (Coleção religião também se aprende; 8)

ISBN 85-7200-789-X

1. Bíblia - Ensinamentos 2. Bíblia - Estudo e ensino 3. Perguntas e respostas I. Título. II. Série

00-4388 CDD-220.076

Índices para catálogo sistemático

1. Bíblia: Estudo: Perguntas e respostas 220.076
2. Perguntas e respostas: Bíblia: Estudo 220.076

Composição, impressão e acabamento:
EDITORA SANTUÁRIO - Rua Padre Claro Monteiro, 342
Fone: (0xx12) 565-2140 — 12570-000 — Aparecida-SP.

Ano: 2006 2005 2004 2003 2002
Edição: **10 9 8 7 6 5 4 3 2 1**

Apresentação

Fruto da colaboração para o Programa Brasileiro da Rádio Vaticana, retransmitido com sucesso pela Rádio Aparecida para todo o Brasil, este é mais um livro da série, que responde a algumas das muitíssimas perguntas que se assomam à mente do leitor que já abriu e leu a Bíblia.

Perguntas e respostas! Uma forma metodológica que facilita a comunicação, mas que não pretende eliminar a problemática dos temas tratados, nem a necessidade de ulteriores leituras.

Escrita há mais de dois milênios, e num contexto cultural muito diferente do nosso, a Bíblia, um livro que é ao mesmo tempo como uma biblioteca, não pode ser lida sem uma ajuda exterior. Uma ajuda, que se torna necessária, para encurtar a enorme distância de tempo e de cultura que nos separa deste texto sagrado.

A fé na inspiração não nos exime do trabalho, sério e minucioso, de buscar nas páginas da Bíblia a encarnação da Palavra de Deus. Muitas disciplinas nos ajudam neste trabalho de conhecimento da Bíblia: da sua história; da sua confecção, do seu conteúdo, da sua transmissão, da sua interpretação ao longo da história.

Este livro não tem a mínima pretensão de ser completo, trata-se apenas de um "aperitivo"! Para despertar o apetite de todos aqueles que desejam abrir a Bíblia para "beber e comer" deste banquete divino. Uma fonte inesgotável de sabedoria e vida, que está à nossa disposição nas páginas deste "best seller" mundial, que é fruto da estreita colaboração entre o humano e o divino. Boa leitura!

Agradecimentos

Agradeço a Deus, antes de tudo! Sou grato, também, aos amigos da Rádio Vaticana, aos meus mestres, à minha Congregação. À minha família, aos amigos e amigas agradeço o apoio incondicional em toda e qualquer situação. Uma por todos\as, agradeço à professora Edi Naves Avelar, pelo incentivo inicial e pela correção dos manuscritos!

Livros sagrados

1. Diz-se que a Bíblia não é um livro de moral, não é um livro de ciência, não é um livro de história, não é uma novela; então o que é?

A verdade é esta: é mais fácil dizer o que a Bíblia não é e o que não quer dizer, do que dizer o que é a Bíblia e o que ela diz.

Na Bíblia encontramos vários tipos de leis e de indicações éticas, mas ela não tem a pretensão de ser um código completo de leis, como a nossa Constituição ou o Código Penal.

Vários livros da Bíblia são históricos, pois narram os acontecimentos da vida do povo de Deus, mas não é do mesmo modo como hoje, por exemplo, narramos a história do Brasil.

Na Bíblia, podemos encontrar algumas afirmações de caráter filosófico-científico, como a criação do nada, mas evidentemente não se pretende com isso inquinar as pesquisas sobre a origem do nosso planeta, do universo.

A Bíblia está dividida em livros e capítulos, como uma grande novela, mas não está escrito na última página da Bíblia que tudo era pura ficção e que todo e qualquer contato com a realidade é pura casualidade. Pelo contrário, os personagens da Bíblia realmente existiram, não são atores de um grande filme de Hollywood ou de uma famosa novela da TV, foram pessoas de carne e osso como nós.

A grande novidade e diferença da Bíblia é esta: ela é fruto de uma estreitíssima colaboração entre Deus e o ser humano através da vida de um povo. A Bíblia é o testemunho escrito desse encontro, dessa colaboração mútua.

Portanto, ler a Bíblia como se fosse uma obra puramente humana é um erro, mas por outro lado ler a Bíblia como um livro totalmente divino também é um erro.

Tudo que lemos na Bíblia é finalizado para provocar esse encontro fundamental entre Deus e os homens. Por isso, a Bíblia não está muito preocupada em dizer "como" Deus criou o mundo e o gênero humano, mas "para quê" e, sobretudo, "para quem" Deus criou tudo que existe.

As leis da Bíblia não são interferências divinas que coíbem a nossa soberana liberdade de ser, mas são sim indicações fundamentais e úteis para quem deseja viver em todos os sentidos e profundidade a palavra "vida".

A Bíblia é história de um encontro que, por sua vez, deseja provocar outros encontros. A Bíblia é um livro da fé de um povo, que é finalizado para provocar a fé. A Bíblia é um livro de vidas, que pretende indicar o caminho da vida, da vida abundante (cf. Jo 10,10).

Qualquer um pode entrar nessa biblioteca, todos podem ler esse livro! Mesmo quem não é cristão, mesmo quem perdeu a fé, mesmo quem se proclama ateu.

Para sintonizar-se com a Bíblia é necessário ter "sede" de alguma coisa, é necessário vibrar com a vida, é preciso ser aberto ao outro, é necessário estar a caminho.

É por isso que muitos católicos não lêem a Bíblia. Porque estão satisfeitos com o modo de conduzir a própria vida; porque acreditam já saber o suficiente sobre Deus; porque acreditam conhecer aquilo que acreditam. Mas a verdade é que entram em crise quando alguém de fora, com a Bíblia na mão, coloca em dúvida essas certezas.

A Bíblia é o livro da vida e da fé. Lê-se para acreditar e acredita-se para viver!

2. Disseram-me que a Bíblia é como um livro mágico que pode ajudar-nos sempre. É verdade?

Direi que não! A Bíblia é, na verdade, totalmente o oposto, o contrário de um livro de magia!

Porque a magia é algo que se faz, por exemplo: um ritual, um gesto, o uso de um objeto, a repetição de uma fórmula ou invocação. E fazendo assim, tenta-se conseguir o que se pretende de tal divindade ou espírito.

Para dizer com outras palavras, a magia é uma tentativa de dominar, de ter certo poder sobre o próprio Deus, para conseguir dele o que se deseja.

Se, em poucas e resumidas palavras, é isso o que significa "magia", então é fácil entender porque se condena na Bíblia toda forma de magia e porque não devemos considerá-la como um livro mágico.

A Bíblia é fruto do amor de Deus, da sua misericórdia, da sua sabedoria (cf. Vat. II; DV 2). A Bíblia é fruto e testamento do diálogo que Deus realiza com a família humana e no qual revela a sua vontade e o seu amor.

Essa revelação de Deus aconteceu através da história de um povo, o povo hebreu (AT) e chega ao seu ponto culminante com a vinda do seu Filho, que, fazendo-se homem no ventre de Maria, se tornou definitivamente membro da nossa família humana.

É o próprio Jesus, máxima expressão da revelação do amor de Deus, quem nos ensina que devemos buscar conhecer a vontade de Deus, em cada circunstância, e realizá-la.

"Pai nosso, que estás nos céus, santificado seja o teu nome; venha o teu reino; seja feita tua vontade assim na terra, como no céu" (Mt 6,9). Foi assim que Jesus nos ensinou a rezar. É tudo o oposto de uma fórmula mágica!

Foi o Concílio Vaticano II que divulgou entre nós, os católicos, a redescoberta da Bíblia como livro de leitura, de ensinamento, de meditação, de oração.

Já são milhares os livros publicados, nestes últimos trinta anos, que nos ajudam nessa aproximação e utilização da Bíblia.

Multiplicaram-se também as propostas de métodos para ler e interpretar a Bíblia.

Mas a variedade e a diversidade podem criar confusão, quando se perde um mínimo de orientação sobre o que é de menor e maior valor e importância.

Foi por isso que a Pontifícia Comissão Bíblica publicou, em abril de 1993, um documento cujo título e argumento é: "A interpretação da Bíblia na Igreja".

Nesse documento, encontramos uma breve avaliação dos vários métodos propostos para ler e interpretar a Bíblia. Contém também a indicação concreta de alguns requisitos importantes, que não se pode deixar de lado, quando se deseja ler a Bíblia com seriedade, isto é, como um instrumento divino na construção do reino de Deus.

No final desse documento encontramos escrito assim: "a primeira conclusão que se salienta é que a exegese bíblica (trabalho sério e duro dos estudiosos) preenche, na Igreja e no mundo, uma tarefa indispensável. Querer fazer menos dela para compreender a Bíblia seria ilusão e manifestaria uma falta de respeito para com a Escritura inspirada" (Ed. portuguesa, p. 118).

Que Deus seja um Pai providente e bondoso, ninguém discute, mas acreditar que, utilizando a Bíblia como um livro mágico, podemos obrigar Deus a realizar a nossa vontade é contra a nossa fé cristã, porque é exatamente o contrário daquilo que nos indica a Bíblia.

3. Que é um escrito ou livro apócrifo?

Já os escribas e rabinos conheciam "os livros que estão de fora" (*hisônîm*), isto é, livros que não faziam parte da coleção dos escritos sagrados, livros que eram usados pelos heréticos e pelos samaritanos.

Mas o termo apócrifo, que deriva do grego αποκρυφος (apócriphos), que significa secreto, oculto, escondido, apareceu um pouco mais tarde.

No começo esse termo, muito provavelmente por causa do seu significado, foi usado para falar dos livros sagrados que não eram colocados à disposição de todos, porque possuíam um conteúdo considerado muito elevado e a maioria dos fiéis não compreenderia.

Mas com o passar do tempo, o termo "apócrifo" foi ganhando um sentido pejorativo, isto é, negativo. Isso porque a doutrina ensinada nesses livros "escondidos, secretos, ocultos", isto é, apócrifos, era muitas vezes discutível e não estava conforme a ortodoxia, isto é, não estava conforme a doutrina comum da fé cristã.

Orígenes, importante escritor cristão do II século, fazia a distinção entre os livros que deviam ser lidos na liturgia pública da Igreja e os outros que ele chamava de "apócrifos".

Como esses livros eram muitas vezes conservados ou escritos em círculos heréticos, muitos Padres da Igreja começaram a usar o termo "apócrifo" para indicar sobretudo os livros heréticos, cuja leitura era proibida aos fiéis.

Mas para outros Padres da Igreja, por exemplo, São Jerônimo, o termo "apócrifo" não tinha um sentido pejorativo, era usado simplesmente para indicar os livros que não faziam parte da lista dos livros chamados "canônicos", isto é, os livros que eram tidos como inspirados e, portanto, faziam parte da Bíblia Sagrada.

Os protestantes, muitos anos mais tarde (século XVI), seguindo a Martinho Lutero, começaram a chamar "apócrifos" 15 livros da atual Bíblia católica que não fazem parte da Bíblia hebraica.

Para os católicos, "apócrifos" são os livros antigos, judaicos ou cristãos, escritos mais ou menos no mesmo período que os livros da Bíblia e que, por um motivo ou outro, pretendiam ser incluídos na lista dos livros considerados como Escritura Sagrada, isto é, pretendiam fazer parte da Bíblia.

Como vemos, essa terminologia é um pouco ambígua. Pois os livros que os católicos chamam de "deuterocanônicos", isto é, canonizados num segundo momento, são chamados pelos protestantes de "apócrifos" e os livros que nós chamamos de "apócrifos", eles os consideram simplesmente como "pseudoepígrafos".

Nos últimos anos, muitos desses livros antigos, considerados perdidos, foram encontrados, aumentando assim a lista dos livros "apócrifos", seja do Antigo Testamento como do Novo Testamento.

Os estudiosos dedicaram-se ao trabalho de conservação e tradução desses antigos manuscritos.

Atualmente não há nenhuma proibição de ler esses livros, que geralmente são publicados pelos mesmos estudiosos do campo bíblico, com todas as notas e explicações necessárias para um melhor entendimento do texto.

Desses livros foram tiradas muitas informações que possuímos, mas que não estão escritas na Bíblia, como o nome dos pais de Maria, o nome dos reis magos, a história do bastão de José que floresceu e outras coisas mais.

4. O livro dos mórmons, que contém passagens da Bíblia Sagrada, tem também o "Testamento de Jesus". Pode ser verdadeiro?

Absolutamente não!

Os estudiosos da Bíblia, sejam católicos ou não, estão todos de acordo em afirmar que os únicos escritos que contêm um "testamento de Jesus", escrito não por ele mesmo logicamente, mas por aqueles que acreditaram nele, é o Novo Testamento.

Toda tentativa de usar o texto do Novo Testamento, para criar um verdadeiro "Testamento de Jesus", é fruto de uma má intenção de divulgar doutrinas falsas.

Trata-se da obra de pessoas sem escrúpulos que, com a desculpa de divulgar a Palavra de Deus, acumulam milhões de dólares às custas do trabalho voluntário de milhares de adeptos e da ignorância de milhões de pessoas.

Por falar em ignorância, há uma disciplina no quadro

dos estudos bíblicos que é praticamente desconhecida do grande público, trata-se da chamada *critica textus*, ou seja, crítica textual.

Essa disciplina tem uma importância fundamental para o trabalho dos exegetas, pois ela trabalha justamente para restaurar os textos bíblicos que apresentam dificuldades de leitura e, sobretudo, trabalha para conhecer, através dos séculos, a história da transmissão e do desenvolvimento do texto sagrado.

Para falar somente do Novo Testamento, é bom lembrar de que são milhares os manuscritos que conservam e transmitem partes do texto do Novo Testamento. Estes são os números conhecidos atualmente: há cerca de 90 papiros, 274 manuscritos em letras maiúsculas e 2795 em cursivo, isto é, em minúsculas, a esses deve-se somar cerca de 2207 lecionários que contêm várias partes do texto da Sagrada Escritura. Destes, 4 manuscritos contêm a Bíblia inteira, 59 contêm somente todo o Novo Testamento e cerca de 2000 contêm os evangelhos.

O mais interessante e impressionante, e que justamente dá trabalho aos estudiosos, é que comparando todos esses manuscritos não se encontram dois que concordem completamente entre eles, em todos os detalhes.

O trabalho dos especialistas é justamente o de consultar e comparar todo esse material, para verificar e estudar as variantes. Não precisa nem dizer que esse trabalho toma o tempo deles, mesmo porque todo material não se encontra reunido num só lugar e nem pertence ao mesmo dono. Muitas vezes os manuscritos não se encontram em bom estado de conservação e a leitura nem sempre é fácil.

Todo o trabalho, feito em silêncio e praticamente desconhecido, tem como meta garantir a qualidade do texto grego, chamado *textus receptus*, do qual depois são feitas as várias traduções nas mais variadas línguas.

Esse trabalho é fruto de uma cooperação ecumênica, pelo menos com as Igrejas protestantes tradicionais.

Seria bom que você leitor se interessasse um pouco mais

em conhecer essas coisas, comprando e lendo os livros que tratam do assunto. Caso contrário, você vai ficar de boca aberta e sem argumentos quando alguém bater à sua porta com uma Bíblia debaixo do braço e alguns folhetos, que no começo são sempre grátis, e começar a colocar "minhoca na sua cabeça".

Ou lemos coisas sérias e ficamos por dentro delas, ou acabamos escutando quem usa e abusa da Bíblia, manipulando sem escrúpulos o texto sagrado. O risco é de ficar confundido e até mesmo de perder a própria fé!

5. É verdade que a Igreja católica quis esconder os manuscritos encontrados em Qumrán para que não desmentissem os evangelhos?

Esse tema ainda está em discussão entre os especialistas, e as opiniões dependem do ponto de vista do autor do livro ou artigo. Isso porque o material à disposição ainda não foi completamente estudado e o material conhecido não oferece provas para resolver certas questões que continuam abertas.

É bom lembrar também de que aquele que trabalha cientificamente deve justificar as suas afirmações, e isso quer dizer trabalho de pesquisa, que exige tempo.

O material que foi encontrado nas ruínas de Qumrán, às margens do Mar Morto, foi datado pelos especialistas como sendo do século I d.C. A descoberta desse material foi inicialmente casual, por parte de um menino beduíno (nômades que cuidam de pequenos animais no deserto). O jogo entre os beduínos e os arqueólogos durou quase dez anos. Os arqueólogos buscavam e nada achavam; os beduínos, algum tempo depois, apareciam com uma nova descoberta.

Esse material, que é biodegradável (papiro ou pergaminho), passou portanto quase 19 séculos guardado dentro de vasos de argila e conservou-se graças ao clima extremamente seco e desértico da região.

Uma vez concluída essa fase de busca arqueológica, começou o trabalho dos especialistas para garantir a conservação do material, compor o texto integral dos escritos corrompidos, ler e traduzir esse material e finalmente comparar o que ali estava escrito com outros escritos da mesma época e com a Bíblia.

É por tudo isso que o material descoberto às margens do Mar Morto, entre os anos de 1948 a 1957, só foi colocado à disposição do grande público recentemente.

Não há nenhum mistério ou intenção de esconder algo, trata-se simplesmente da intenção de trabalhar com seriedade e de um modo científico.

Os estudos atuais demonstram que, sem dúvidas, os manuscritos do Mar Morto são importantes para os estudos bíblicos. Eles nos ajudam, por exemplo, a conhecer melhor a sociedade do tempo de Jesus.

Mas até agora esse material não ameaça, absolutamente em nada, provocar uma revolução na fé cristã. Ao contrário, alguns pontos do pensamento cristão e até mesmo do ensinamento de Jesus aparecem agora mais originais do que nunca. Os evangelhos ficam até mais acreditados em certas afirmações.

Enquanto os especialistas estão debruçados sobre esses manuscritos, trabalhando com atenção e seriedade científica, alguns apressadinhos começaram a dizer e a escrever coisas, às vezes sem nenhum fundamento, criando uma errônea expectativa.

A Igreja católica não tem absolutamente nada a esconder. Muito pelo contrário, tudo isso contribui para ressaltar ainda mais a verdade evangélica.

6. Quais são as ciências ou disciplinas que fazem parte diretamente ou colaboram com os estudos bíblicos?

São muitas as ciências ou disciplinas que direta ou indiretamente são integrantes dos estudos bíblicos, assim tecnicamente chamados.

É necessário organizar um pouco as idéias para melhor compreender essa questão.

Todos sabemos que ao falar de Bíblia falamos de escritura, que, sem levar em conta o material usado, se trata de uma mensagem que nos chega sob a forma de escritura.

Sendo assim, todas as disciplinas que se interessam pela escritura como tal fazem parte diretamente dos estudos bíblicos.

Saber como e onde surgiu a escritura, os primeiros materiais usados, as primeiras coisas que foram escritas e por que foram escritas, interessa diretamente ao estudioso da Bíblia.

Saber como se evolui uma língua antiga, como um vocábulo nasce, cresce e depois passa de um idioma a outro e outras coisas mais, interessa ao biblista.

Conhecer as técnicas da literatura antiga, isto é, como se escrevia, e ao mesmo tempo conhecer como ao longo da história esses escritos foram lidos e interpretados, interessa e muito ao estudioso da Bíblia.

Já que a Bíblia brota e surge da história de um povo bem concreto, que manteve relações concretas com os seus vizinhos ao longo de toda a sua trajetória, é importantíssimo para quem estuda a Bíblia conhecer essa história. História que em parte é narrada pela mesma Bíblia, mas que se trata sempre da mesma história comum aos vários povos.

Conhecer a geografia e o passado geológico da terra na qual viveu o povo da Bíblia é muito útil e necessário para quem deseja ler a Bíblia de um modo sério e científico.

Por isso, disciplinas como filologia, semântica, história, literatura etc., que estudam a linguagem humana, fazem parte dos estudos bíblicos. As disciplinas que estudam a história complementam necessariamente os estudos da Bíblia, além da geologia e geografia. Também fazem parte dos estudos bíblicos as disciplinas que se dedicam ao estudo dos manuscritos antigos, desde a descoberta, como é o caso da arqueologia, até a conservação, manutenção e estudos comparativos desses manuscritos.

Como podemos notar, o estudo bíblico é como uma grande praça, onde chegam várias ruas e caminhos, onde desemboca o fruto dos estudos e pesquisas de várias ciências.

Ou, se quisermos usar outra imagem, podemos dizer que o estudo da Bíblia é feito como um grande mutirão, no qual cada um colabora com aquilo que lhe é próprio.

Estudar a Bíblia é saber percorrer essa praça, onde se forma esse grande mercado, com inumeráveis propostas, e recolher de um modo sistemático e organizado tudo o que pode ser útil para melhor ler, entender e explicar o texto da Bíblia.

Alguém pode argumentar que não é necessário tudo isso para ler a Bíblia, que o mais importante é colocá-la ao alcance do povo e basta.

É bom lembrar aqui de que a meta final dos estudos bíblicos é justamente esta: ajudar a ler e a entender melhor a Bíblia.

Carlos Mesters, no seu livro "Flor sem defesa", afirma que é justamente o povo das CEBs, amante apaixonado da Bíblia, quem valoriza, mais que outros, todos os esforços feitos pelos estudiosos para facilitar o acesso à Palavra de Deus escrita.

7. Como entender o livro Cântico dos Cânticos?

O livro do Antigo Testamento chamado Cântico dos Cânticos é na verdade uma coleção de poemas ou canções de amor, que provavelmente eram recitados ou cantados nas cerimônias nupciais, isto é, nas festas de casamento.

Os estudiosos dividem-se quando se trata de considerar o porquê essa coleção de cânticos foi parar na Bíblia.

Uma parte dos especialistas defende a tese de que no começo se tratava mesmo de poemas e canções de amor. Mas, seguindo a intuição do profeta Oséias, que fala da relação de Deus com o seu povo usando a imagem da relação matrimonial, esses poemas entraram para fazer parte da Bíblia depois de sofrerem uma profunda modificação no significado.

O esposo era Deus e a esposa, o povo de Deus; o matrimônio passou a ser a imagem do amor de Deus pelo seu povo, isto é, pelo povo de Israel.

Outro grupo de estudiosos considera que desde o começo esses poemas foram compostos, isto é, foram escritos, para serem usados como imagem do amor de Deus pelo seu povo, seguindo sempre a intuição inicial do profeta Oséias.

Assim, por exemplo, foi considerado por um grande estudioso da Bíblia dos primeiros séculos da Igreja, Orígenes, que considerava esse livro como uma alegoria, isto é, como uma imagem simbólica. Mas se no Antigo Testamento o esposo era Deus, para Orígenes o esposo é Jesus Cristo e a esposa, o novo povo de Deus, isto é, a Igreja.

Mais tarde, esse simbolismo foi cada vez mais espiritualizado, até quando se passou a considerar como "esposa de Cristo" as mulheres cristãs que se consagravam na vida religiosa.

Voltando ao nosso livro, todos estão mais ou menos de acordo em considerar que ele foi introduzido na Bíblia no século V a.C., isto é, o período no qual o Antigo Testamento estava na fase final da sua formação definitiva.

É verdade que a linguagem desse livro é forte e o simbolismo usado não corresponde aos nossos padrões atuais, pois está muito bem encarnado na cultura e nos costumes do seu tempo.

Alguns estudiosos atuais não consideram importante o fato de saber se esse livro foi escrito inicialmente para cantar o amor humano ou o amor divino. O fato é que o livro fala do amor e como a Bíblia diz que "Deus é amor", então esse livro fala de Deus, mesmo se não menciona Deus em nenhum momento.

Esse livro não é de difícil leitura, como se pode pensar, é preciso sim ter um pouco de paciência para entender a sua linguagem e o seu simbolismo, logicamente com a necessária ajuda de quem conhece, depois é só saborear a beleza desses cânticos, que são realmente divinos.

Uma última observação, mesmo se no começo do livro diz-se que o autor seja o famoso rei Salomão, isso não é correto, pois esse livro foi escrito mais de cinco séculos depois da sua morte. Esse era um expediente daquele tempo, isto é, atribuía-se uma obra a um personagem famoso para que a sua fama desse importância ao escrito. Como Salomão, além de rei sábio, tinha também muito sucesso com as mulheres, ninguém melhor do que ele para ser considerado como o "pai adotivo" desses cânticos de amor.

8. Qual é o salmo mais bonito?

Antes de tudo, agradeço ao nosso leitor a pergunta e digo logo que a minha resposta será pessoal, isto é, não se trata de uma resposta objetiva, pois como diz o ditado: "gosto não se discute". Sim, porque na riqueza da Palavra de Deus há espaço também para uma apreciação e escolha pessoal.

De fato, a história diz-nos que cada santo ou santa apreciou e escolheu determinada passagem da Palavra de Deus.

Para mim, o salmo mais bonito é o 138, que nas edições atuais da Bíblia aparece com o número 139 e entre parênteses 138. Considero-o pessoalmente como um salmo de consolação, mesmo se o título que aparece nas várias edições da Bíblia, como por exemplo na Bíblia de Jerusalém está escrito que é "uma homenagem a Quem (Deus) sabe tudo"; já na Bíblia edição pastoral lê-se "é Deus que revela quem somos".

De fato, o salmo começa assim: "Javé (Senhor), tu me sondas e me conheces: sabes quando me sento e quando me levanto..." (139,1-2). Aos poucos o salmista vai descrevendo de uma maneira maravilhosa a profundidade e a intimidade do conhecimento de Deus.

Ele fica até desnorteado e se pergunta: "Aonde irei para

estar longe de teu sopro? Aonde fugirei para estar longe de tua presença?" (v. 7).

Não creio que se trata de uma manifestação de medo, mas sim de maravilha pela extrema intimidade de Deus, já que mais adiante o salmista diz: "Sim! ... teceste-me no seio materno" (v. 13).

E o salmista sente-se totalmente superado, e como que confundido por esse mistério, e confessa: "Mas para mim como são difíceis os teus projetos! Meu Deus, como é grande a soma deles!" (v. 17).

Depois repreende-se novamente e manifesta a sua adesão e a sua fé em Javé, com uma linguagem própria da mentalidade semítica, isto é, a figura antitética com a qual se diz o contrário daquilo que se quer afirmar. Assim ele se pergunta: "Não odiaria eu aqueles que te odeiam? ... Odeio-os com ódio implacável!" (vv. 21-22). Em outras palavras, essa é uma declaração de amor! Estranha para nós, mas de uma expressividade extraordinária!

E chegamos ao fim do salmo quando o salmista manifesta o seu desejo de seguir os caminhos do seu amado Deus. Mas ele sabe que não será capaz de percorrer essa estrada sem a ajuda do seu Deus, e reza dizendo: "Sonda-me, ó Deus, e conhecerás o meu coração! Prova-me, e conhecerás os meus sentimentos! Vê se não ando por um caminho fatal, e conduze-me pelo caminho eterno!" (vv. 23-24). É a manifestação clara e evidente do desejo de chegar à comunhão íntima com o seu Deus, pois o "caminho eterno" leva a Deus.

Se lermos, refletirmos e rezarmos esse salmo tendo na mente e no coração a afirmação dos versículos 8 e 16 do quarto capítulo da primeira carta de São João, que diz: "Deus é Amor", esse salmo converte-se num fabuloso hino de consolação.

Como já fiz várias vezes, exercendo o ministério da confissão, proponho aos nossos leitores de fazerem esta experiência: Sl 139(138) mais 1Jo 4. Depois, escrevam-me se esse não pode ser considerado um salmo de consolação!

9. Por que o livro do Êxodo é tão importante para o povo de Israel quanto para os cristãos?

O nome desse livro deriva do nome com o qual ele foi chamado na tradução grega da Bíblia. A palavra vem do grego Εξοδος, que passou ao latim como *exodus*, sem tradução, como acontece com muitas palavras técnicas, e chegou ao português também como êxodo, isto é, saída. O livro tem esse nome em grego porque começa narrando como o povo da Bíblia saiu do Egito, onde se tornou escravo.

Por que esse livro é importante? Porque de certo modo quem desconhece a mensagem do Êxodo jamais entenderá o sentido de toda a Bíblia, pois está fundamentada nesse livro a idéia que se tem de Deus, seja no Antigo Testamento seja no Novo Testamento.

A mensagem central desse livro é a revelação do nome do Deus verdadeiro. Javé, este é o seu nome, manifesta-se como o único Deus que ouve o clamor do povo oprimido e age para libertá-lo (cf. Êx 3).

Mas não termina do outro lado do mar a relação entre Javé e o povo que saiu do Egito. Javé estabelece com esse povo uma aliança, que faz dele o povo eleito de Deus. Ao povo eleito ele dá leis para que sejam transformadas as relações entre as pessoas e a vida do povo.

A meta principal é fazer surgir uma comunidade, um povo, uma nação na qual seja assegurada a vida, a liberdade e a dignidade de cada membro, do mais rico ao mais pobre.

A aliança é manifestada e afirmada de duas formas: no Decálogo, que são princípios que orientam o ideal de sociedade e um grupo de leis, isto é, um código de leis que têm por finalidade conduzir o povo a uma prática desse ideal nos vários contextos históricos e nas necessidades da vida em sociedade.

Desse modo, o ser humano só é capaz de nomear o verdadeiro Deus quando o considera de fato como o libertador de toda e qualquer escravidão e quando a mesma pessoa se coloca a serviço desse ideal de vida e sociedade.

Javé é digno de adoração. Ele só é digno, já que todos os deuses não são mais do que ídolos, obras das mãos humanas e absolutamente incapazes de realizar ou fazer alguma coisa em favor dos oprimidos.

Daí o convite, repetido muitas vezes ao longo da Bíblia, para escolher entre o Deus verdadeiro, Javé, e os ídolos. Tal escolha é decisiva, pois se trata de viver na liberdade e construir a vida ou de viver na opressão servindo à opressão e à exploração (cf. Js 24,1-29).

A pergunta fundamental do Êxodo é: Qual é o verdadeiro Deus? A resposta que aí encontramos é a mesma que reaparece em toda a Bíblia, e principalmente na pregação, atividade e pessoa de Jesus Cristo.

Por isso, esse livro é de suma importância para entendermos o que significa Jesus como filho de Deus e para sabermos o que é o reino de Deus. Sem o Êxodo, a Bíblia perderia o seu ponto de partida, que nos leva a Jesus Cristo. E sem Jesus Cristo, não podemos conhecer o verdadeiro Deus, sem ele não podemos conhecer o projeto do reino de Deus e não podemos realizar esse projeto.

Sem Jesus Cristo não podemos sair do nosso Egito pessoal, familiar, comunitário ou social, e sermos livres para adorar ao Deus verdadeiro e realizar a sua vontade, defendendo a vida e promovendo a justiça em todos os níveis.

10. Por que o versículo 15 de Gn 3 é chamado proto-evangelho?

O terceiro capítulo do livro do Gênesis é dedicado ao tema da origem do mal e, junto com o quarto capítulo, introduz-nos na questão do assim chamado "pecado original" ou "originante", como preferem alguns estudiosos.

Depois que Adão e Eva comeram do fruto da "árvore que está no meio do jardim", Javé Deus entra em cena e começa uma espécie de processo. Primeiro, quem é chamado a depor é o homem, que descarrega a culpa na mulher e esta, por sua vez, descarrega a culpa na serpente.

Depois dessas autodefesas, Javé Deus continua o "processo" e cada um dos três personagens recebe a própria sentença de acusação, com a pena correspondente.

A primeira é a serpente. Depois da proclamação da pena, que é a maldição eterna, vem o versículo 15, que diz assim: "Porei inimizade entre ti e a mulher, entre a tua descendência e os descendentes dela. Estes vão esmagar-te a cabeça, e tu lhes ferirás o calcanhar". Essa tradução é bastante fiel ao chamado texto massorético, isto é, um texto hebraico da Bíblia muito antigo e do qual são feitas atualmente as várias traduções nas línguas modernas.

Mas a fama desse versículo começou quando o texto hebraico foi traduzido pela primeira vez para o grego, o que aconteceu cerca de três séculos antes de Cristo, no seio da comunidade hebraica da diáspora de Alexandria. O anormal dessa tradução grega é que no lugar de dizer que serão "os descendentes" da mulher a esmagar a serpente diz que será "ele", um descendente da mulher, que sairá vitorioso contra a serpente, isto é, passa-se do plural ao singular. Criando assim um pequeno mistério.

São várias as opiniões dos estudiosos para explicar esse modo de traduzir, e até hoje não se chegou a uma resposta definitiva e comum sobre a questão. Por sua vez, os autores do Novo Testamento e mais tarde os Padres da Igreja, que usam muito essa tradução grega, tomaram esse fato como se fosse uma profecia sobre Jesus Cristo, é ele o descendente da mulher que vence o mal. Mas não termina aqui e a coisa complica-se mais ainda quando o Antigo Testamento foi traduzido para o latim, nos primeiros séculos da vida da Igreja.

O fato é que quase todos os manuscritos latinos traduzem o "estes" em "ela". Isto é, será a mulher a esmagar a cabeça da serpente. Também aqui os estudiosos estão divididos e não sabem explicar bem o porquê dessa tradução.

Logicamente essa mulher era identificada com Maria. É muito evidente nesse caso uma interpretação mariana do versículo. Para resumir, podemos dizer que é possível ler de três modos diferentes o versículo 15: quem esmagará a cabeça da serpente serão os descendentes da mulher, mas nesse caso não temos motivo para falar de proto-evangelho; se seguirmos a versão grega, quem vencerá a serpente, símbolo do mal, será um descendente da mulher, já nesse caso pode-se pensar então que seja o primeiríssimo anúncio da vinda de Jesus Cristo, uma espécie de prenúncio do evangelho, isto é, proto-evangelho; e se quem prefere seguir a versão latina, então vai pensar em Maria e também nesse caso pode-se falar de um prenúncio evangélico.

Uma coisa é certa: Jesus Cristo com a sua vida, paixão, morte e ressurreição dá uma luz nova a tudo o que chamamos Antigo Testamento, basta ler Lc 24 para confirmar isso. Mas querer encontrar em cada frase do Antigo Testamento um referimento ou uma profecia que fala de Jesus Cristo é um pouco exagerado. Esse caso é um exemplo famoso!

Passagens bíblicas

1. Como ler e interpretar a narração do episódio da Torre de Babel?

Essa é uma boa questão que oferece "pano para todas as mangas"!

São diversas as questões presentes nesse texto bíblico, como também são diversas as leituras e as interpretações propostas pelos estudiosos.

Não temos tempo aqui evidentemente para falar de todas as questões. Mas pode-se em poucas palavras indicar os pontos mais discutidos!

Antes de tudo se discute se o episódio narrado foi um fato histórico ou não, isto é: aconteceu ou não?

Muitos estudiosos falam de um "sentido moral" desse texto, porque se diz que os homens cometeram um "pecado de orgulho coletivo" e Deus castiga-os com a dispersão e a confusão das línguas. Mas quando se trata de identificar esse pecado coletivo, as opiniões dividem-se e várias são as hipóteses. Para uns é a construção da cidade, para outros, da torre, para outros trata-se do orgulho de ser uma potência dominante.

Outro ponto que também se discute é o significado do nome "Babel". É verdade que no texto há uma explicação para esse nome, mas a explicação vale só para quem lê a Bíblia em hebraico.

Além dessas, há também outras questões que são discutidas, porém, apenas entre os especialistas do assunto, o que é comum nos estudos bíblicos.

Mas depois de anos de estudos e pesquisas, iluminadas sobretudo pelas descobertas arqueológicas, algumas dificuldades podem ser superadas.

Por exemplo, depois que foram encontrados outros escritos, fora da Bíblia, que falam da construção de cidades e torres, os estudiosos estão de acordo em pensar que na origem esse texto bíblico fazia parte das "histórias populares", que há em todas as culturas.

Outra coisa importante, para entender bem o texto, é saber que boa parte da Bíblia foi escrita no exílio babilônico, região totalmente plana, onde as torres eram os lugares sagrados, isto é, lugar privilegiado de culto, como as montanhas o eram na Palestina.

E, sobretudo, é bom não esquecer de que os hebreus estavam lá na Babilônia, como deportados de guerra, submetidos e escravizados por um povo que não conhecia nem respeitava o Deus de Israel. O povo da Bíblia não perdia, então, a ocasião para criticar e zombar dos costumes, dos deuses e do ostentado orgulho nacional do povo que o dominava.

Poderia ser, muito bem, essa a origem desse texto bíblico, que joga com o significado da palavra confusão, que em hebraico deriva da raiz verbal *balal*. Essa palavra era muito parecida com o nome da famosa cidade chamada "Porta de deus", que se diz *bab-ilu* ou *bab-ilani*, isto é, "Porta dos deuses".

Podemos até imaginar os exilados que se divertiam dizendo ironicamente: "Isso aqui não é para nada *bab-ilu* (porta de deus), mas sim *bab-el*", isto é, confusão.

Mais tarde, quando a Bíblia estava chegando à fase final da sua formação definitiva, os últimos redatores serviram-se desse "jogo popular" para construir esse texto bíblico.

2. Babel II: a interpretação!

Respondendo à pergunta anterior de um leitor sobre o episódio da Torre de Babel, falei sobre as questões disputadas desse texto bíblico e dei o mínimo de explicação, sem dar nenhuma indicação sobre a interpretação desse episódio.

Vimos que o texto é parecido com outros escritos extrabíblicos que narram a construção de cidades e torres; vimos também que se joga ironicamente com o significado da palavra *babel*, isto é, confusão.

Mas uma outra coisa muito importante deve ser levada em consideração quando se lê esse texto e se busca uma interpretação, mais que uma explicação.

Para interpretar bem esse texto bíblico é necessário levar em consideração o lugar que ele ocupa na Bíblia, isto é, o que vem antes e o que vem depois. Vejamos então brevemente onde está localizada a narração desse episódio.

Está situada no livro do Gênesis, logo antes do início da história de Abrão (cap. 12) e ao fim de vários outros textos que narram outros episódios.

O importante é notar que os episódios narrados antes da Torre de Babel falavam de como foram crescendo sobre a face da terra a discórdia, a violência e a confusão.

Vejamos: Adão e Eva: o pecado original; depois Caim e Abel: o assassinato; logo em seguida Noé: o mal sobre toda a terra e o dilúvio, seguido de uma primeira aliança entre Deus e a humanidade; e finalmente a narração do episódio da Torre de Babel!

Se continuamos a ler o Gênesis, logo depois da Torre de Babel, encontramos uma lista de nomes e algumas informações sobre a viagem da família de Abrão.

A Bíblia nos diz que Abrão partiu justamente da região de Ur, onde mais tarde seria construída a cidade de Babilônia, de onde os exilados partiram festivos para reconstruir o próprio país, que estava em ruínas.

Como vemos, tudo parece ganhar um sentido bem preciso, isto é, num mundo onde crescem a injustiça, a violência e a confusão, Deus intervém chamando Abrão para fazer dele Abraão, isto é, pai de um grande povo, que deveria construir um novo tipo de sociedade.

Resumindo, podemos dizer que, seguindo a linha dos primeiros capítulos do livro do Gênesis, a ambigüidade humana produz uma relação social competitiva e violenta (Gn 4,1-16), uma cultura ambígua (Gn 4,17-26), um processo histórico caótico (Gn 6—8) e uma sociedade idolátrica (Gn 11,1-9).

Mas a partir de Abraão, Deus intervém diretamente nessa história humana para dar vida a uma verdadeira renovação voltada para uma relação social justa, para uma cultura verdadeiramente humana, para um processo histórico dirigido à vida, e uma cidade fundada na justiça e na fraternidade.

Quase no final da Bíblia, nos Atos dos Apóstolos, o episódio de Pentecostes, quando todos entendem o que se diz, mesmo sendo de lugares e línguas diversas, está ligado ao episódio da Torre de Babel. É o amor do Pai, revelado por Jesus Cristo e difundido nos corações pela ação do Espírito Santo, que faz superar a "confusão das línguas". Em poucas palavras, podemos dizer que é o amor, e Deus é amor, a única força capaz de unir real e verdadeiramente os seres humanos, superando toda e qualquer diferença ou divisão.

Voltando ao episódio da Torre de Babel, podemos concluir dizendo que esse é um bom exemplo de como um "conto popular" e um jogo irônico de palavras tornam-se elementos de uma importante reflexão teológica, feita em forma de narração. Também assim foi escrita a Bíblia!

3. Que é o Sermão da Montanha?

É um longo discurso de Jesus que no evangelho de Mateus encontra-se nos capítulos 5, 6 e 7. Mateus começa dizendo que Jesus, vendo a multidão que o segue, sobe à montanha e senta-se, então os discípulos aproximam-se e Jesus começa a ensinar.

Já no evangelho de Lucas, Jesus desce da montanha, pára em um lugar plano e proclama a todos o seu discurso.

Como podemos ver esse subir e descer da montanha, o reunir o povo para comunicar uma mensagem divina, faz-nos lembrar de uma figura muito importante do Antigo Testamento. Tanto Mateus como Lucas querem apresentar Jesus como o novo Moisés, que traz uma nova e definitiva comunicação da parte de Deus para o seu povo eleito.

De fato, lendo esses discursos, percebemos que Mateus e Lucas colocam juntos materiais de origens diversas; eles recolhem vários ensinamentos de Jesus, que na origem estavam dispersos, e organizam todo o material segundo determinado esquema, seguindo uma motivação teológica bem precisa.

É claro que isso não significa que eles inventaram coisas ou modificaram os ensinamentos de Jesus, simplesmente organizaram um material que já existia para que melhor fosse entendida a mensagem de Cristo.

Mas atenção: o sermão ou o discurso da montanha não anuncia uma moral destinada a uma elite espiritual (cf. presença da multidão), nem pretende ser um novo código da lei, nem mesmo é um ideal ético que se deve pelo menos tentar praticar. Esse discurso pretende descrever como se manifesta a realização do reino de Deus e, ao mesmo tempo, deixa entender que ele ainda não se realizou plenamente entre os cristãos.

Do Sermão da Montanha cada cristão deve compreender como ele se encontra distante de fazer a sua parte para a realização do reino de Deus.

As partes mais importantes do discurso são: as bem-aventuranças, as antíteses, isto é, os "ais" que aparecem no evangelho de Lucas, o Pai-nosso e a regra de ouro que diz assim:

"Tudo que vocês desejam que os outros lhes façam, façam vocês também a eles. Pois nisto consistem a Lei e os Profetas" (Mt 7,12 e cf. Lc 6,31).

Mais tarde, quase no final da sua vida e da sua missão, Jesus Cristo deixará bem claro o exemplo e o limite do que se deve fazer pelos outros.

De fato, no quarto evangelho não encontramos nenhum Sermão da Montanha, mas João começa assim o longo discurso de despedida que Jesus fez durante a última ceia (uma exclusiva de João): "... Ele, que havia amado os seus, que estavam no mundo, amou-os até o fim" (Jo 13,1).

Esse longo discurso também lembra o de Moisés, na planície de Moab, aos pés do monte Nebo, às portas da terra prometida.

Jesus então dirá: "Eu lhes dou um mandamento novo: amem-se uns aos outros. Assim como eu os amei, vocês devem amar-se uns aos outros" (Jo 13,34).

Um novo código legal, um ideal ético, uma moral elitista?

Nada disso, trata-se da plena realização e manifestação do reino de Deus! Um reino que já está presente no nosso meio, que cresce com a colaboração de todos (até mesmo de quem não crê), mas que atende a sua realização plena e definitiva, que acontecerá no tempo estabelecido por Deus mesmo.

4. Li que a cidade de Jericó já estava destruída quando os israelitas passaram por lá. Se é verdade, como ler então o capítulo 6 de Josué?

Antes de responder, é útil lembrar que a Bíblia é uma Sagrada Escritura que surge da história, diferente de outras escrituras sagradas, mas isso não significa dizer que a Bíblia seja um livro de história, pelo menos como nós concebemos hoje.

O interesse principal da Bíblia é o de revelar como Deus age na história dos homens, como se comunica com a família humana, qual é a sua mensagem para nós. É justamente isso que se quer dizer quando se afirma que a Bíblia foi escrita por motivos teológicos.

Tendo em mente essas afirmações, passamos então à pergunta.

Sim, é verdade que as últimas descobertas arqueológicas estão demonstrando que a cidade de Jericó, que já existia cerca de 8 mil a.C., não tinha mais as muralhas como estão descritas no capítulo 6 do livro de Josué, que narra a conquista da cidade.

Os arqueólogos acreditam que não havia mais que ruínas da antiga e importante cidade, quando os israelitas entraram na terra de Canaã.

As escavações antigas e recentes descobriram um emaranhado de muros de várias épocas distintas, e os estudiosos não estão todos de acordo quando se trata de datar esses restos arqueológicos.

Alguns arqueólogos tentaram encontrar os restos da muralha que veio abaixo, miraculosamente, ao som das trombetas dos sacerdotes liderados por Josué. Mas até agora os esforços foram inúteis e muitos estudiosos já estão convencidos de que os muros muito provavelmente já não existissem mais lá pelo ano de 1200 a.C., período no qual se localiza a campanha de Josué.

Certamente havia uma Jericó, mas se tratava de um pequeno povoado, isto é, sem muralhas, que protegia a fonte de água ali existente e que era muito importante para quem se encontra em viagem por aquelas terras desertas.

Se esse é o parecer dos arqueólogos, então como ler o capítulo 6 do livro de Josué? Alguns exegetas propõe uma leitura litúrgica! Isto é, esse texto não pretende narrar o fato histórico da conquista da cidade, mas trata-se da descrição de uma festa, de uma celebração litúrgica, que se realizava em memória das gestas que Javé havia realizado em favor do seu povo.

São vários os salmos que narram, em ritmo de poesia e oração (cf. entre outros: Sl 89, 105, 106, 136), as ações de Deus em favor do seu povo: Javé liberta o seu povo, com braço forte, da mão do opressor; conduz o povo através do deserto; abre as portas da terra prometida, destruindo muralhas e amedrontando os inimigos.

Essa hipótese de leitura é justificada por alguns referimentos do texto, por exemplo: rodeia-se a cidade durante sete dias, e nós sabemos que as festas mais importantes na Bíblia duram uma semana; são os sacerdotes que tocam as trombetas, mas a classe sacerdotal só existirá a partir da construção do Templo de Salomão, e isso acontecerá uns três séculos e meio mais tarde. As mesmas trombetas estão ligadas à liturgia do Templo. Infelizmente ainda não possuímos outros elementos para descrever essa festa. Mas vários salmos louvam a Deus, que cria o universo e intervém na história, conduzindo o seu povo para a vida.

Assim canta o Salmo 33,16-18, lembrando que: "O rei não se salva por seu grande exército... para salvar o cavalo é ilusão... Javé cuida daqueles que o temem, daqueles que esperam por seu amor". Este pode ser muito bem um dos ensinamentos do capítulo 6 do livro de Josué!

5. Por que o rio Jordão é tão importante para a Bíblia?

Para entender melhor a situação e a importância desse rio, é necessário observar com atenção o mapa da região na qual ele humildemente nasce, vive e morre.

O Jordão nasce quase aos pés do famoso monte Hermon, de três fontes principais: Nahr Banyas (a mais importante historicamente), Nahr Leddan (a mais abundante) e Nahr el-Hasbani. Todas essas fontes encontram-se a uma média de 300 metros acima do nível do mar. Depois de 14 km de viagem, o Jordão chegava ao lago el-Huleh, que hoje não existe mais, pois foi seco pelos ingleses, a 68 metros acima do nível do mar. Mais 18 km e o Jordão chega ao famoso lago de Genesaré, que se encontra a 212 metros abaixo do nível do mar. Deixando o lago da Galiléia, o Jordão desce ainda por 105 km, percorrendo o vale que leva o seu nome.

É uma exígua linha d'água que, desafiando o deserto que a circunda, se precipita preguiçosamente a uma média de 1,7 metros por quilômetro no seu túmulo definitivo: o implacável Mar Morto, que se encontra a 412 metros abaixo do nível do mar. É por isso que o seu nome deriva da raiz hebraica *yarad*, que significa justamente "descer".

A fama do rio Jordão não se deve buscar na sua importância material ou econômica. No passado, as suas águas dificilmente foram usadas para a irrigação ou o seu leito foi utilizado como via de transporte.

Os únicos que, desde sempre, se beneficiaram de suas águas foram os pequenos rebanhos de ovelhas e cabras que vinham beber às suas margens. É por isso que em árabe ele é também chamado *el-Seri'ah el-Kabirah*, isto é, "o grande bebedor".

A importância do Jordão, porém, está no fato de que ele serviu desde sempre como fronteira, como limite natural para o povo da Bíblia. Era também uma defesa natural, pois a sua localização no fundo do vale e as suas margens barrancosas não permitiam a travessia das caravanas comerciais, nem dos exércitos em marcha.

Aos poucos essa fronteira geográfica natural transformou-se numa fronteira religiosa-cultural. Isto é, todos os povos que se encontravam do outro lado do Jordão não faziam parte do povo eleito de Deus. Para entrar na terra prometida era necessário atravessar o rio Jordão.

De fato, depois da grande obra de Moisés, que libertou definitivamente o povo da escravidão egipciana, fazendo-o atravessar a pé enxuto o mar, foi Josué quem fez da mesma maneira o povo entrar na terra prometida pelo rio Jordão. Nos dois casos foi uma direta intervenção divina que permitiu ao povo escapar da terra da escravidão e entrar na terra prometida.

O Novo Testamento continua essa tradição cultural e sobretudo religiosa.

De fato, o tempo de Jesus é precedido pela atividade de João Batista, que desenvolve a sua missão às margens do Jordão. Ele anuncia o tempo da salvação e realiza a purificação ritual com uma imersão (um batismo), nas águas do rio Jordão.

É justamente ali, às margens do Jordão, que Jesus começa a sua missão de anunciador e iniciador do reino de Deus. Segundo os Padres da Igreja, a travessia do Jordão, feita pelo povo eleito, era figura do batismo cristão.

Foram esses os fatos que criaram a fama e a importância cultural-religiosa, e também teológica, desse humilde, mas único no seu gênero, rio Jordão, que alimenta também o único no seu gênero, o Mar Morto.

6. Por que o exílio babilônico marcou tanto a história do povo da Bíblia?

Porque significou para Israel uma revolução profunda, que colocou em crise as bases de sua religião, as bases de sua fé em Javé, seu Deus. De certo modo colocou em crise a identidade do povo da Bíblia.

Até aquele momento pensava-se que a Aliança de Javé com o seu povo implicasse também na proteção do estado político, isto é, do rei e do seu governo.

Javé era venerado como proprietário da terra, enquanto que o rei era o seu representante diante do povo.

Mesmo se os profetas levantassem a voz para denunciar, diante do povo e dos governantes, as infidelidades à Aliança e a Javé, raramente questionavam a legitimidade do sistema dominante, isto é, da monarquia teocrática.

Por isso, quando em 586 a.C. Jerusalém, a capital do reino do sul, foi conquistada e devastada, junto com o seu famoso templo, e a população ativa, junto com o rei, foi deportada e o que sobrou foi um monte de ruínas e de pobres e inválidos, a crise foi profunda.

A grande catástrofe era tanto incompreensível quanto difícil de suportar.

Já em 722 a.C. Samaria, a capital do reino do norte, havia sido conquistada e destruída; muitos israelitas e outros povos foram deportados, o que era política comum dos impérios dominantes, causando uma verdadeira mistura de povos.

Esse fato foi interpretado como um sinal de alerta pelos profetas, mas a maioria pensava que no norte isso podia ter acontecido, porque os reis nortistas não eram verdadeiros herdeiros do rei Davi.

Mas quando o mesmo aconteceu com o legítimo herdeiro do trono de Davi, abriu-se a crise. Era necessário tentar explicar o porquê daquela catástrofe, surgiram assim os livros históricos, obra da escola deuteronomista.

Os profetas alimentavam a esperança da volta e do restabelecimento do culto no templo (Ezequiel, Dêutero-Isaías).

Desenvolveram-se formas de culto que não estavam ligadas ao templo, como por exemplo dar muita importância aos símbolos da Aliança, como a circuncisão, as purezas rituais, os atos de piedade fundados na Lei, o respeito pelo sábado, o encontro nas sinagogas.

Assim aos poucos, seja na piedade popular seja na teologia, delineavam-se novas orientações tão importantes que se pode, com razão, estabelecer uma diferença entre o que é pré-exílico e o que é pós-exílico.

A volta do exílio, que começou a acontecer a partir do ano 536 a.C., é descrita no livro de Esdras.

O culto do templo foi restabelecido, mas numerosas reformas foram introduzidas, reformas que dificilmente podiam ser entendidas pelos estrangeiros, como por exemplo uma rígida centralização do culto no único templo de Jerusalém e um exclusivismo racial (Ne 12,44-47; 13,1-31).

Para concluir, podemos dizer que foi por causa desse acontecimento histórico que a maior parte dos livros da Bíblia foi escrito. Um pouco antes, durante e depois do exílio, a maioria dos livros, os quais hoje chamamos de Antigo Testamento, ganhou as suas formas redacionais definitivas. Nas entrelinhas da Bíblia, encontramos os traços das reflexões provocadas por essa grande crise.

7. Qual é o significado da parábola do Bom Samaritano?

O texto encontra-se em Lc 10,25-37.

A pessoa, um estudioso das Escrituras (Torá), que fez a pergunta a Jesus já conhecia a resposta; Lucas escreve: "Um doutor da Lei levantou-se e para tentar Jesus..." (v. 25). Mas não basta conhecer, é necessário viver!

Assim "querendo justificar-se" (v. 29), ele faz outra pergunta a Jesus: "E quem é o meu próximo?" (v. 29). Na sociedade do tempo de Jesus (hoje!), as pessoas eram divididas e catalogadas por classes e categorias, por motivos econômicos, sociais e religiosos. Daí saber quem era o próximo poderia ser um problema? Era um membro do próprio grupo? Eram todos os judeus, mesmo que fossem de outro grupo? Poderiam ser também os membros de outros povos, isso não era quase impossível?

É nesse contexto que a resposta de Jesus ganha todo o seu significado.

Jesus mostrou para aquele homem que não existe uma categoria de pessoas com o título, ou a função de próximo, e outra com o título, ou a função de "não-próximo".

Próximo é a pessoa à qual você se aproxima para ajudá-la. Que o outro seja o seu próximo depende de você e não dele! Não há ninguém com uma escrita na fronte "eu sou o seu próximo", de modo que possa desculpar-se dizendo: "eu não encontrei o próximo".

É esse o sentido da parábola que Jesus contou. Não existem barreiras nem limites para a prática da misericórdia (sentimento que animou o samaritano). Aquele homem havia perguntado: "Quem é o meu próximo?" Mas Jesus mudou a pergunta e continua a perguntar ainda hoje: "O que você faz para tornar-se próximo do outro?"

Jesus mostrou-nos com a sua vida como viver tudo isso. Ele acolheu todos aqueles que o buscavam e tomou muitas vezes a iniciativa de ir ao encontro, às necessidades, dos que sofriam de qualquer mal.

São Paulo assim escreve na carta aos Filipenses sobre

os sentimentos e a prática de Jesus (aproveitando um hino litúrgico já em uso nas primeiras comunidades):

> "Ele tinha a condição divina,
> mas não se apegou a sua igualdade com Deus.
> Pelo contrário, esvaziou-se a si mesmo,
> assumindo a condição de servo
> e tornando-se semelhante aos homens.
> Assim, apresentando-se como simples homem,
> humilhou-se a si mesmo,
> tornando-se obediente até a morte,
> até a morte da cruz!" (Fl 2,6-8)

E sabemos muito bem que essa morte é a causa da nossa libertação, a esperança da nossa salvação eterna.

8. O dilúvio realmente aconteceu? Por que esse fato é narrado na Bíblia?

Foi uma grande inundação da qual somente se salvaram Noé e sua família, junto com alguns animais que estavam na arca.

A história como hoje está na Bíblia é a união de dois modos de narrar, de duas tradições, a javista e a sacerdotal.

Além da Bíblia, outros escritos dos povos vizinhos ou mesmo distantes falam de tal acontecimento. Por exemplo, no poema de Gilgamesh, que é assírio-babilônio, o personagem principal Utnapishtim salva-se de um dilúvio universal porque construiu uma barca por ordem de uma divindade.

Entre essas narrações e aquela da Bíblia há muitos pontos em comum, mas também há diferenças fundamentais. Por exemplo:

— a narração bíblica é animada pela fé em um Deus único;

— o dilúvio não aconteceu pelo capricho dos deuses,

mas por causa dos homens, assim lemos no livro do Gênesis 6,5: "Javé viu que a maldade do homem crescia na terra e que todo projeto do coração humano era sempre mau".

Aconteceu mesmo ou não? Foi um fato realmente histórico ou não? Muito se pesquisou sobre isso, mas sem grandes resultados. O mais provável é que algum acontecimento local tenha sido motivação para a narração que encontramos na Bíblia.

Sendo assim, para interpretar essa página da Bíblia é necessário levar em consideração a intenção religiosa, que é a motivação de fundo, principal.

A narração do dilúvio encontra-se nos capítulos 6, 7, 8, 9 do livro do Gênesis. As idéias mais importantes são as mesmas nas duas tradições que se alternam no texto que temos:

— uma crescente corrupção dos costumes e o castigo de Deus (Gn 6,11ss.);

— a salvação daqueles que acreditam (cf. Hb 11,7);

— o fim do dilúvio é realizado por Deus, como um gesto de salvação e de criação (cf. Gn 8,17);

— conforme a concepção de uma das duas tradições, com a salvação de Noé começa a história da aliança, o sinal seria o arco-íris (Gn 9,16).

Mais tarde, no Novo Testamento a interpretação cristã viu no dilúvio uma figura do batismo (1Pd 3,21).

Mas o fato de comparar a arca de Noé com a Igreja não se encontra na Bíblia, surgiu mais tarde na tradição da Igreja.

9. Por que a tentação de Jesus foi no deserto?

A palavra mais comum que encontramos na Bíblia para dizer deserto é *midbar* e tem vários significados:

— lugar não habitado, isto é, o contrário de cidade;

— lugar plano, onde se podia levar o rebanho de ovelhas e cabritos;

— lugar onde habitavam os marginalizados ou perseguidos pela justiça (Gn 21,14; 1Mc 2,29);

— lugar onde moravam os espíritos maus (Mt 12,43);
— lugar onde se escondia dos perigos (Os 2,14).

A aridez do deserto era também símbolo de uma terra à qual Deus negou a sua bênção, deixando-a sem água e sem fertilidade. Por isso os profetas usam as imagens do deserto que se transforma em jardim, para falar da ação de Deus que liberta e salva o seu povo (Is 6,11ss.; 13,9.20-22).

Mas foi por causa dos acontecimentos vividos no deserto, depois da libertação da escravidão egipciana, que o deserto passou a ser um elemento essencial na espiritualidade do povo de Deus.

O deserto passou a ser também o lugar da tentação, das lamentações, da prova, da solidão (o povo que reclamava achando que Deus os havia abandonado para morrer no deserto).

Mas o deserto não é só símbolo de coisas negativas.

O deserto é também por excelência o tempo do amor ardente de Deus pelo seu povo, quando Deus com todo carinho cuidou do seu povo (Dt 32,10-12; Os 2,16.21-22). Deu-lhe proteção contra o sol, deu-lhe o pão caído do céu (maná), deu-lhe água da rocha, deu-lhe carne para comer e, muito mais, deu-lhe a sua Lei, "como não fez com nenhum outro povo" (Sl 147,20; Dt 4,6). Assim o deserto significa o tempo de ouro da primeira aliança, do primeiro amor entre Deus e o seu povo.

João Batista realizou a sua missão de precursor quase sempre no deserto.

Jesus foi ao deserto para recuperar todos esses significados, para ensinar-nos que se vence as tentações com a força da Palavra de Deus.

Jesus foi ao deserto, sobretudo, para reviver o tempo do primeiro amor. Jesus disse que ele é o verdadeiro pão do céu, a rocha da qual jorra a água da vida; ele manifestou-se como a palavra definitiva do Pai e no fim selou, com a entrega da sua vida, a aliança eterna.

Por isso se lemos que o Espírito Santo levou Jesus ao deserto, é porque o deserto é um lugar privilegiado para encontrar-se pessoalmente com Deus (Lc 4,1).

Pecado

1. Que é pecado original? É o pecado de Adão e Eva?

No livro do Gênesis, como indica o próprio nome, que fala da origem do mundo, do ser humano e de tudo que existe, encontramos dois episódios que pretendem explicar ou iluminar o mistério da presença do mal no mundo. Se, depois que Deus criou tudo que existe, ele viu que tudo era muito bom: Como é então que as coisas não estão assim tão bem? Se Deus não criou o mal, de onde ele vem? Quem é responsável pela presença do mal no mundo?

São a essas perguntas que deseja responder o livro do Gênesis, quando relata o episódio do pecado de Adão e Eva e também quando, logo em seguida, narra o episódio de Caim e Abel.

Para entender o que é o pecado original, é necessário ler esses dois episódios juntos, só então poderemos ter uma visão mais completa da mensagem bíblica.

O primeiro episódio fala-nos da rebelião de Adão e Eva contra Deus. Eles não aceitavam o fato de serem criaturas de Deus e quiseram ser como Deus, patrões da própria vida, senhores absolutos nas próprias escolhas. Eles pretendiam chegar ao conhecimento do bem e do mal para, de certa forma, eliminar a presença de Deus.

Com outras palavras, esse episódio mostra-nos o limite da nossa liberdade.

É bem verdade que Deus nos criou livres e respeita totalmente a nossa liberdade, mas é bem verdade também que se perdemos o ponto de referimento que é Deus e as suas indicações, logo nos tornaremos escravos dos nossos próprios instintos, e a serpente, símbolo da astúcia, que em nós nos conduzirá à ruína.

O segundo episódio mostra a fragilidade das nossas relações com o próximo.

As diferenças que necessariamente há entre nós nem sempre são assumidas como possibilidade de enriquecimento mútuo.

Muitas vezes somos levados pela inveja do sucesso alheio, pelo desejo de possuir o que é do outro, só pelo fato de que é do outro. Um comportamento que percebemos claramente nas crianças, que muitas vezes choram porque querem o brinquedo do outro, mesmo se em casa tem um quarto cheio de brinquedos.

Essa inveja e esse desejo de possuir o que é do outro são a causa da violência que existe no nosso mundo, violência que se consuma entre as quatro paredes de uma casa até a violência que provoca as guerras e as injustiças sociais.

Falar de pecado original é falar da presença do mal no mundo. O mal do passado do qual sofremos as conseqüências, o mal do presente do qual somos todos mais ou menos responsáveis, e o mal do futuro que dependerá da nossa capacidade de conversão a Deus e ao próximo.

Falar de pecado original é lembrar de que não somos donos absolutos da nossa liberdade e de que é falso pensar que não temos necessidade de prestar contas a ninguém.

Falar de pecado original é tomar consciência de que Deus nos criou todos diferentes uns dos outros e de que o outro, na sua diferença, às vezes mais rica que a minha, não deve despertar a minha inveja, pois cada um tem os seus dons. E de que não é verdade que "a galinha do vizinho é sempre mais gorda". E mesmo se fosse, não devo desejá-la, muito menos tentar possuí-la. Essa é a raiz misteriosa de todos os males que nos afligem, e que contam com a nossa cumplicidade.

É do coração que nasce o bem e o mal, disse Jesus (cf. Mt 15,20; Mc 7,21-23).

2. Deus criou a sensualidade, o prazer? Antes do pecado, Adão e Eva tinham relações sexuais?

Antes de tudo é necessário dizer que o pecado de Adão e Eva no jardim do Éden não foi um pecado relacionado com o sexo. O famoso "fruto proibido" não tem nada a ver com o fato de que Adão fosse homem e Eva mulher e que os dois tivessem tido um relacionamento sexual.

Se lermos com atenção os primeiros capítulos do livro do Gênesis, vamos ver que foi Deus mesmo quem criou essa diferença sexual, e foi ele mesmo quem dispôs para que a vida continuasse através da união entre o homem e a mulher. De fato lemos: "Deus criou o ser humano à sua imagem... e os criou homem e mulher. E Deus os abençoou e lhes disse: 'Sejam fecundos, multipliquem-se, encham e submetam a terra...'" (Gn 1,27-28). Mais adiante, no fim da criação lemos: "E Deus viu tudo o que havia feito e tudo era muito bom" (Gn 1,31).

No final do segundo capítulo lemos: "Por isso, um homem deixa seu pai e sua mãe e se une à sua mulher, eles dois tornam-se uma só carne". E conclui o escritor sagrado dizendo: "Ora, o homem e a mulher estavam nus, porém não sentiam vergonha" (Gn 2,24-25).

Como vemos foi o próprio Deus quem nos criou sexuados e predispôs que fosse justamente através da união do homem e da mulher que a vida humana continuasse a existir e a crescer. Foi Deus quem criou o instinto sexual para a conservação das espécies.

Ora sabemos muito bem, através da nossa experiência e também do comportamento dos animais, que a sensualidade e o prazer fazem parte naturalmente da relação sexual entre o homem e a mulher. Portanto, estavam presentes desde o momento da criação.

Por isso podemos dizer que o primeiro pecado não teve nada a ver com a questão sexual.

Mas se por um lado, lendo a Bíblia, podemos afirmar isso tranqüilamente, devemos também dizer que a Bíblia nos diz claramente que depois do pecado, e por causa do pecado, todas as relações humanas ficaram turbadas. Adão e Eva ficaram com medo ao ouvir a voz de Deus, eles que falavam cara a cara com o Senhor. Os dois começaram a brigar entre si e a acusar o outro do que havia acontecido; diz-nos a Bíblia que daquele momento em diante tudo seria mais difícil para ambos: o trabalho e até mesmo a relação íntima entre eles seriam turbados por causa do pecado.

O pecado, e a raiz de todo pecado, é a pretensão de pensar que sabemos mais que Deus e por isso podemos dispor daquilo que Deus nos deu sem levar em conta as suas indicações, sem respeitar os seus mandamentos. Quando isso acontece, até o que foi criado para o bem torna-se um pretexto para fazer o mal, e isso não só com relação ao sexo. Há muitas pessoas que usam, por exemplo, a própria inteligência (dom de Deus) para tramar o mal.

Podemos concluir dizendo que o sexo não é pecado, mas pode ser uma ocasião de pecado quando vivido sem levar em conta as indicações que Deus, através da natureza, nos dá.

Pena de morte

1. Por que na Bíblia existe a pena de morte?

De fato, no Antigo Testamento a pena de morte é prevista para certos casos. No livro do Êxodo (21,12-17), temos um resumo desses casos: homicídio premeditado, maustratos ou desrespeito grave contra o pai ou a mãe. Num outro lugar fala-se também do adultério como passível de pena de morte.

Numa sociedade que não tinha estruturas para conter a criminalidade e a violência, a pena de morte era aplicada nos casos mais graves (não se fala na Bíblia de prisões, só na história de José, mas é a prisão do faraó, no Egito). Além disso, as leis previam a possibilidade de defesa para o réu; para que ele tivesse tempo e lugar para provar a própria inocência, existiam as chamadas "cidades de refúgio" (Dt 19,1-13; Js 20,1-9). Mas a discussão entre os estudiosos sobre esse assunto é grande, e não podemos pretender uma resposta fácil para esse tema que hoje é de atualidade.

Fazendo uma comparação com as leis dos povos vizinhos (conhecidas pelo trabalho dos arqueólogos), sobretudo no tempo do Antigo Testamento, podemos dizer o seguinte:

— O povo da Bíblia aplicava a pena de morte para casos de atentados contra a propriedade (por exemplo, roubo), o que era previsto nas leis de outros povos.

— Somente a morte de um homem livre merecia a pena de morte para os povos vizinhos; na Bíblia, até o assassinato de um escravo por parte do patrão era punido com a pena de morte.

— Na lei de outros povos, um réu condenado à pena de morte podia salvar a pele e trocar a pena se tivesse dinheiro para pagar a família do morto; para o povo da Bíblia isso não era aceito como norma, porque a vida humana não tem preço.

Essa comparação leva-nos a descobrir o que é mais importante, isto é, os valores fundamentais que eram defendidos por essas leis. Esses valores são:

— Um respeito muito grande pela vida, que por ser dom de Deus era sagrada: o sangue derramado clama a Deus (Gn 4,10).

— Um grande respeito pela integridade da pessoa; é raro na Bíblia o caso de castigo com mutilação do corpo.

— Um grande respeito pela estrutura familiar, baseada na autoridade dos pais.

Além disso é importante saber que com o passar do tempo foi ficando sempre mais difícil aplicar a pena de morte, mesmo se no tempo de Jesus ela ainda existia (como existe ainda hoje em certos países chamados "civilizados").

No evangelho de São Mateus encontramos o "Sermão da Montanha", que começa com as Bem-aventuranças; ali Jesus fala com toda autoridade e diz: "Vocês ouviram o que foi dito... (refere-se à Lei de Moisés). Eu, porém, lhes digo..." (Mt 5,21.27.33.38.43).

Jesus afirma que não veio para abolir a Lei e os Profetas (v. 17), mas para dar-lhes pleno cumprimento, isto é, para proclamar com força e evidência os valores fundamentais da Lei e dos ensinamentos dos profetas, que devem ficar como base sólida na construção do novo reino de Deus, que veio com Jesus.

A Lei do Pai, que Jesus veio cumprir plenamente, diz: "Não mate" (Êx 20,13). Por isso no Novo Testamento não se prevê nem se justifica a aplicação da pena de morte, em nenhum caso. Ninguém está autorizado a matar nem em nome de Deus nem em nome de um Estado qualquer.

Personagens bíblicos

1. Qual a importância da figura de Abraão?

Sabemos que o nome Abraão é um nome hebraico; quanto ao seu significado temos duas explicações possíveis: uma diz que o nome Abrão, o primeiro nome desse patriarca, que Deus mudou para Abraão (cf. Gn 17,5) são duas formas diferentes, em dois dialetos diversos, mas com o mesmo significado, que seria: "Ele é grande quanto o seu pai, é de uma família nobre".

Outra explicação vê no nome Abraão a soma de duas palavras hebraicas: *ab hamôn*, que significa "pai de multidão". Já essa explicação sobre o nome desse personagem bíblico deixa entender o papel que ele desempenha na história do povo da Bíblia.

Mas a figura de Abraão ganha toda a sua importância histórica na Bíblia, durante o período do exílio da Babilônia, sobretudo, quando ao fim de 30-40 anos, os exilados começaram a voltar para casa. Foi nesse período que o povo da Bíblia sofreu uma grave crise de identidade.

O momento áureo para o povo de Israel foi o reino de Davi e do seu filho Salomão. Sabemos que com a morte de Salomão o reino partiu-se em dois.

Em 722 a.C. caiu a cidade de Samaria, então capital do reino do norte. As conseqüências foram morte, destruição e exílio. O mesmo aconteceu mais tarde, quando Jerusalém foi destruída em 586 a.C. pelo exército de Nabucodonosor.

Como sempre acontece diante das desgraças, surge a pergunta de sempre: por que Deus permitiu que acontecesse essa desgraça?

Os profetas tinham denunciado os pecados do povo e dos governantes como causa desses males. Mas a dúvida se fazia ainda mais grave. Se é verdade que nós e os nossos governantes somos culpados, de agora em diante que faremos? Deus arrependeu-se de ser o nosso Deus? Além disso, não temos mais um rei que nos governa, a nossa terra já não é tão nossa, falta-nos um templo onde oferecer sacrifícios, não temos mais profetas que nos anunciam a Palavra de Deus. Que raça de povo somos nós? Como poderemos continuar a existir?

Foram todas essas perguntas e questionamentos que provocaram uma profunda reflexão histórica. Com duas possíveis soluções: Uma delas mostrava em Moisés o grande fundador de Israel, seguindo a linha de pensamento dos profetas.

Mas uma outra solução era encontrar uma raiz ainda mais profunda para fundamentar a identidade desse povo. Foi então que se afirmou de um modo definitivo a figura dos três patriarcas.

Jacó, isto é, Israel, nasceu do amor totalmente gratuito de Deus, que chamou Abraão, o abençoou e lhe prometeu uma numerosa descendência e uma terra para seu povo. O único mérito de Abraão foi aquele de crer no seu Deus e seguir pelos seus caminhos. Era o que deveria fazer o povo de Israel, se quisesse sobreviver como povo de Deus: Crer e esperar como os seus antepassados.

2. Por que Caim matou Abel?

Essa pergunta é muito pertinente, pois, quando se lê com atenção o texto de Gênesis 4,1-16, no qual é narrado esse episódio, não se encontra uma resposta clara e evidente para essa pergunta.

A única pista que temos para tentar uma resposta encontra-se nos versículos 3, 4 e 5, nos quais lemos: "Depois de algum tempo, Caim apresentou a Javé produtos da terra como oferta. Abel, por sua vez, ofereceu os primeiros cordeirinhos e a gordura do seu rebanho". Mas a frase principal, que é a chave para interpretar esse texto e responder à nossa pergunta, diz assim: "Javé olhou para Abel e sua oferta, mas não deu atenção para Caim e sua oferta. Caim ficou com muita raiva e andava cabisbaixo". Conforme diz o texto, Caim ficou com raiva porque Deus não olhou para sua oferta, mas olhou para a oferta de Abel, seu irmão. Por que Deus olhou, ou se quisermos falar mais claro, por que Deus gostou só da oferta de Abel, provocando de certo modo a raiva de Caim?

Os exegetas dividem-se na busca de uma resposta! Num brevíssimo resumo são estas:

— Para alguns Caim cometeu algum pecado antes de fazer a sua oferta. Na primeira carta de São João (1Jo 3,12), por exemplo, encontramos essa interpretação.

— Outros dizem que Caim cometeu sua maldade não oferecendo os melhores produtos, enquanto que Abel ofereceu o melhor que tinha. Assim pensava o autor da carta aos Hebreus, por exemplo (Hb 11,4), e também Santo Ambrósio.

— Um terceiro grupo de exegetas sugere que foi logo depois de fazer a sua oferta que Caim fez algo que desagradou a Deus.

Para ser sincero, todas essas hipóteses não encontram muito apoio no texto como tal. São sugestivas, mas se lermos bem o texto veremos que nada disso aparece lá.

— Um quarto grupo de exegetas sustenta a tese de que a culpa é de Deus! Pois olhando para uma oferta e não olhando para a outra, ele, Deus, cometeu uma injustiça. Sendo assim a raiva, mas não o crime, de Caim é justificada por essa injustiça de Deus, que não teria usado para os dois a mesma medida! Francamente, nem essa interpretação encontra apoio no texto que podemos ler em nossas Bíblias!

— Há ainda um outro grupo de estudiosos que explica esse texto a partir do conceito de *eleição*, isto é, afirmando a liberdade que Deus manifesta nas suas escolhas e nas suas preferências. E os vários exemplos que encontramos na Bíblia revelam que a sua preferência é sempre para o mais fraco, o menor.

De fato se diz que Deus "preferiu" Abel, que era o irmão menor. Ora, Caim, que era o primogênito, percebendo concretamente essa preferência de Deus pelo seu irmão, ficou com ciúme e inveja! Ele acreditava que, como primogênito, tinha direito a todas as bênçãos do céu! Caim sentiu a preferência de Deus como um ato de injustiça. Daí a sua grande raiva! (Cf. o irmão mais velho da parábola do filho pródigo.)

O texto diz que Deus falou com Caim e mostrou-lhe que o seu modo de pensar e sentir não era correto. Mas Caim deixou-se dominar pelos seus sentimentos de ciúme e inveja! E abusando da liberdade, que é dom de Deus, assassinou o seu próprio irmão!

Esse texto junto com aquele que narra o pecado de Adão e Eva revela-nos a raiz do nosso mal, mostra-nos a trágica e silenciosa dinâmica que acompanha todo pecado!

3. É possível ler os cinco livros do Pentateuco como se fossem uma biografia de Moisés?

Claro que é possível!

Tanto é possível que dois escritores judeus, do primeiro século da nossa era, Filão e Flávio José, mesmo que com dois métodos diferentes, escreveram a vida de Moisés a partir dos cinco primeiros livros da Bíblia.

De fato, pode-se ler e interpretar o Pentateuco como se fosse a narração da vida de Moisés. Vejamos: O livro do Gênesis, com a narração da criação e a história dos patriarcas, seria como uma longa introdução que continua até o primeiro capítulo do livro do Êxodo. A história vera e própria de Moisés começaria no segundo capítulo do Êxodo, no qual se narra o seu nascimento e quando foi salvo de uma morte prematura, graças ao cuidado de sua mãe e à compaixão da filha do Faraó (Êx 2,1-10). A sua biografia termina no livro do Deuteronômio, que no capítulo 34, o último, é narrado a sua morte. Entre esses dois extremos, o nascimento e a morte, encontramos os acontecimentos significativos de sua vida, como o matrimônio (Êx 2,11-22); a sua vocação, isto é, quando ele recebe a missão de libertar o seu povo em estado de escravidão (Êx 3—4); a realização dessa missão, com a saída do Egito (Êx 5) e depois a condução do povo através do deserto, durante 40 anos, período que inclui o dom de uma constituição, isto é, da Lei, destinada a preservar a identidade do povo de Israel depois da entrada na terra prometida (Êx 15,22; Dt 33,29).

Mas não se trata logicamente de uma biografia que se possa paragonar com o modelo das biografias modernas ou até mesmo antigas, como por exemplo aquelas de Senofonte e Plutarco.

Mesmo assim, diversos estudos demonstram que uma leitura biográfica da narração contida nos cinco primeiros livros da Bíblia pode ser útil e até muito instrutiva.

Mas mesmo dizendo tudo isso, não se pode negar que o interesse principal da narração, contida no Pentateuco, não seja tanto a figura de Moisés como tal, mas o povo que nasce desses acontecimentos. Com outras palavras, podemos dizer que o centro principal de interesse desses cinco livros não é a figura de um herói, nesse caso Moisés, mas é um tema muito mais amplo, como o nascimento de um povo que tem como elemento característico a sua relação toda especial com Deus (Javé).

Um Deus que liberta esse povo e o preserva de todo mal. Um Deus que educa esse povo a uma vida plena e o prepara para desempenhar um papel predeterminado entre os demais povos da terra. É sobretudo esse último ponto que é bem confirmado quando se faz um exame acurado à estrutura narrativa desses livros. De fato a história não começa com Moisés, mas com a narração do sofrimento de uma nova geração oprimida sob um novo soberano do Egito.

Com isso fica bem claro, desde o começo, que o papel de Moisés é subordinado ao futuro desse povo, ao papel que esse povo será chamado a desempenhar no quadro das nações. Essa constatação abre-se a um outro modo de ler e interpretar o Pentateuco, estrategicamente colocado no começo da Bíblia.

Para concluir, digo uma palavra sobre o fato de que muitos autores, sobretudo no século passado, tentaram ler os evangelhos como se fossem uma biografia, uma vida de Jesus. Também aqui podemos dizer que não há nada de mal, muito pelo contrário. Mas é preciso ter muita atenção, pois, assim como para Moisés, também a vida e as ações de Jesus são narradas no quadro mais amplo e importante que é o nascimento do novo povo de Deus. Podemos dizer sem medo de errar: o que se narra sobre Jesus, nos evangelhos e no resto do Novo Testamento, está em função da vida da Igreja e, sobretudo, do seu serviço ao reino de Deus.

4. Por que se insiste tanto na Bíblia que é necessário defender as viúvas?

Não se sabe exatamente qual era a situação legal das viúvas para o povo da Bíblia, mas dos textos que temos à nossa disposição podemos tirar algumas conclusões.

Antes de tudo é preciso ficar claro que para o povo da Bíblia o título de viúva, do qual se fala em vários textos legais e proféticos, não se refere somente ao fato de a mulher ter perdido o marido.

Podemos dizer rapidamente que a mulher dependia primeiro do pai e depois do marido; seus bens eram antes os bens do pai e depois os bens do marido, portanto não possuía bens próprios para sobreviver. Se o chefe da família morria, o filho mais velho herdava todos os bens e também as obrigações, e se a mulher era ainda solteira, gozava da proteção desse novo senhor. Mas com o casamento, deixava a casa paterna e ficava sob a proteção do marido, dispondo de seus bens, que por herança passaria ao primogênito. Por isso, se o marido morresse sem deixar um herdeiro, o irmão do morto deveria casar-se com a própria cunhada e o filho, fruto dessa união, seria o herdeiro dos bens do irmão falecido.

Como vemos, a situação da mulher era de total dependência, até mesmo no que se refere aos meios mais necessários para viver, como casa, comida e roupa.

Podia acontecer e de fato acontecia por causa das guerras, das secas e por outros motivos que o marido viesse a morrer, deixando a própria mulher sem bens e até mesmo com dívidas para pagar. "A esposa de um dos irmãos dos profetas suplicou a Eliseu: 'Meu marido, seu servo, morreu. E você sabe que seu servo temia a Javé. Mas um homem, a quem devíamos, veio para levar meus dois filhos como escravos'" (2Rs 4,1). Esse é o caso típico da mulher que na Bíblia é chamada de viúva, sem marido, com filhos que não herdaram nada do próprio pai e por isso deverão servir a outros como escravos, não podendo assim cuidar da própria mãe.

Além disso, a mulher não tinha como defender sozinha os próprios direitos, caso alguém lhe cometesse uma injustiça. Era uma situação crítica e dramática. Se alguém de boa vontade, espontaneamente, não assumisse a sua causa, era condenada a viver na pobreza total.

Por isso, para o povo da Bíblia as viúvas e os órfãos eram sinônimos de categoria social marginalizada, desprezada, totalmente dependente da caridade dos outros e também sujeita a ulteriores explorações de vários modos. Por essa razão, encontramos várias leis que buscam garantir a necessidade de defender os direitos dessas pessoas, de não aproveitar das suas necessidades para fins malvados.

“Não maltrate a viúva nem o órfão, porque se você os maltratar e eles clamarem a mim, eu escutarei o clamor deles” (Êx 22,21).

“Quando você estiver ceifando a colheita em seu campo e esquecer um feixe, não volte para pegá-lo; deixe-o para o imigrante, o órfão, a viúva. Desse modo, Javé seu Deus abençoará você em todo o seu trabalho” (Dt 24,19).

No tempo de Jesus a situação das viúvas não havia melhorado; mereciam sempre atenção e proteção.

Pelas cartas de São Paulo, podemos ver que as primeiras comunidades cristãs buscaram não só fazer a caridade para essas pessoas, mas também lhes oferecer um lugar de importância, um serviço na comunidade.

Riqueza

1. Os profetas do Antigo Testamento eram contra a propriedade privada e a riqueza?

Direi que não! É uma necessidade da vida o possuir bens para que uma pessoa possa viver; é indispensável que coma e beba, que vista um vestido, que tenha uma casa, que tenha terras para cultivar etc.

São necessários os bens de consumo, cujo símbolo é o "pão", e os meios de produção, que têm na "terra" um símbolo particularmente caro à tradição do povo da Bíblia.

Por um lado, uma justa tendência leva a fazer estável e total a relação com os bens essenciais. Por outro lado, a qualidade de vida é um bem que se deve buscar como expressão de uma vida autêntica.

Não é correto, portanto, pensar que a Bíblia, ou um grupo como os profetas, aprece tanto a pobreza a ponto de julgar injusta e má toda e qualquer forma de riqueza!

Basta só considerar o fato de que a bênção de Deus, na Bíblia, toma a forma de uma abundante posse de bens materiais (Gn 13,2.6; Sl 112,3).

O que os profetas observam e denunciam como injusto não é tanto a posse dos bens, isto é, a relação das pessoas com os bens materiais, mas a relação que se constrói com o próximo através desses bens.

O desejo legítimo de possuir bens, de ter coisas boas e bonitas de um modo estável, não é colocado em julgamento pelos profetas. O que os preocupa, o que é motivo de vigilância, é a relação que se cria entre as pessoas, entre as classes sociais, por causa da posse ou não-posse dos bens necessários à vida.

Para os profetas, para a Bíblia, é o rosto do próximo e o seu absoluto direito à vida que questionam radical e profundamente toda forma de posse de bens.

O crescente número de pessoas que perdiam todos os seus bens, por causa de dívidas pesadas e injustas, e eram obrigadas a trabalhar como escravas para ter um pedaço de pão, estava mostrando que alguma coisa não andava bem na organização da sociedade.

O crescente número de pobres e desvalidos revelava a injustiça presente nas relações sociais, mostrava a perversidade de um sistema de vida que privava muitas pessoas do inalienável direito à vida, do absoluto direito de possuir os bens necessários para viver, e viver bem.

Desse modo, o próximo que se apresenta na figura do pobre, que é feito pobre, torna-se na Bíblia o grande revelador da injustiça que acontecia na vida do povo da Bíblia.

Também Jesus, na famosa parábola do rico epulão e do pobre Lázaro (Lc 16,19-31), condena a insensibilidade do rico diante da situação do pobre que estava à sua porta. Por outro lado, elogia Zaqueu (Lc 19,1-10), que repara as injustiças cometidas e divide seus bens com os pobres e necessitados.

2. Deus é rico?

Sim, podemos dizer que Deus é rico!

De fato, na Bíblia, sobretudo no Antigo Testamento, a palavra usada para falar do poder e da grandeza de Deus é a mesma palavra que se usava para falar que uma pessoa era rica, poderosa e importante. Trata-se da palavra *kavod*, que quase sempre é traduzida como a palavra "glória", quando se refere a Deus.

Falar da glória de Deus é falar da sua grandeza, da sua importância, do seu poder, da sua riqueza.

Portanto, quando falamos que uma pessoa é rica, estamos considerando que ela tem muitos bens, que tem poderes, que é importante; então podemos dizer que Deus é rico, porque ele possui tudo que existe, tem poder, é importante, tem prestígio.

Mas há uma grandíssima diferença, podemos dizer uma diferença infinita, entre o ser rico de Deus e os ricos desta terra. Para começar, a riqueza de Deus pertence totalmente a ele mesmo, desde sempre e para sempre.

Outra grande diferença é que Deus é sempre e totalmente senhor daquilo que ele possui, enquanto que os ricos desta terra deixam-se dominar pela riqueza e, como disse Jesus: "Ninguém pode servir a dois senhores". Na maioria das vezes os ricos são escravos dos bens, das riquezas que possuem.

Uma outra diferença importante e fundamental é que a riqueza de Deus não deixa ninguém pobre. Isto é, Deus para ser rico não empobrece ninguém, muito pelo contrário, tudo que Deus possui foi, desde o começo da criação, colocado à disposição de todos, para que todos aproveitassem dos bens que ele criou (Gn 1—2). Não acontece assim com os ricos desta terra. Muitas vezes a riqueza acumulada é fruto de injustiças e causa da pobreza de muitos.

Para manter a própria riqueza e, sobretudo, para aumentar a própria riqueza numa sede insaciável de ter sempre mais, os ricos aumentam cada vez mais o número de pobres, jogando na miséria quem já vivia na pobreza. Essa é, com os dados científicos em mãos, a realidade do nosso Brasil, da nossa América Latina, do nosso mundo.

Se as coisas estão assim, ficamos realmente com a impressão de que dizer que Deus é rico seja uma ofensa para Deus, e de fato o é, se olhamos o exemplo dos ricos atuais.

Mas não acredito que seja correto omitir uma qualidade de Deus, uma sua característica, somente porque nós, as suas criaturas, não sabemos seguir o seu exemplo.

Pode acontecer, e acontece, que na maioria das vezes o nosso ser "imagem e semelhança" de Deus reduza-se a um rascunho irreconhecível daquilo que deveríamos ser. Nesse caso é preciso dizer honesta e claramente que não sabemos ser ricos! Isto é, não sabemos possuir de uma maneira correta os bens que estão à nossa disposição.

Não foi à toa que Jesus pronunciou aquela sentença que muito nos deve fazer pensar: "É mais fácil passar um camelo pelo buraco de uma agulha do que um rico entrar no reino de Deus" (Mc 10,25). Como diz o Salmo 52, o rico não se apóia em Deus, mas confia somente na sua riqueza e, em nome dela, comete injustiças e violências. Mas Maria canta que, no fim das contas, se encontraram com as mãos vazias (Lc 1,53), porque não foram ricos como Deus é rico.

Santíssima Trindade

1. Qual é o relacionamento entre Jesus e o Espírito Santo?

Falamos anteriormente da ação do fogo vindo do céu, indispensável, segundo o Antigo Testamento, para ascender, isto é, para fazer subir, uma oferta que seja agradável a Deus.

O autor da chamada carta aos Hebreus livrou-se desse conceito, digamos, rudimentar e, meditando sobre a paixão de Cristo, descobriu o verdadeiro sentido desse símbolo que é o fogo. Chegou à conclusão de que o verdadeiro "fogo divino" não é um raio, uma faísca, que cai das nuvens, mas é o Espírito Santo. Pois nenhuma força material é capaz de fazer subir uma oferta até Deus, pois não se trata de uma viagem espacial. Na verdade, o ser humano para aproximar-se de Deus não precisa oferecer sacrifícios exteriores, mas deve oferecer-se a si mesmo, e para isso necessita de um "empurrão interior" e não de um fogo material.

No versículo 14, do nono capítulo da carta aos Hebreus, o autor escreve que: "Cristo, por meio do Espírito eterno, ofereceu-se como sacrifício sem mancha a Deus".

O fogo divino e a vítima imaculada, os dois elementos fundamentais para o sacrifício segundo o Antigo Testamento, nesse caso são respectivamente o Espírito Santo e Jesus.

Já antes, no quinto capítulo, versículo 7, o autor havia explicado o que ele entende quando diz que Jesus "se ofereceu". Lemos: "Durante a sua vida na carne, Cristo fez orações e súplicas em voz alta e com lágrimas ao Deus que o podia salvar da morte". Aqui quando o autor fala de "súplicas em voz alta", pensa no grito de Jesus na cruz, e falando também de lágrimas, o autor pensa em toda a paixão de Cristo e indica-nos assim o modo como Jesus viveu a sua paixão, isto é, como uma oração e como uma oferta, ou melhor, como uma oferta em forma de oração. Aqui não se fala de Espírito, mas de "carne". Com isso o autor nos diz que para Jesus o começo de sua oferta oblativa foi humilde, isto é, quer dizer que Jesus assumiu realmente a nossa carne frágil, fraca, mortal. Por isso encontrou-se numa situação de angústia tremenda.

A reflexão entre essas duas afirmações leva-nos a ver como, na sua oração, Jesus abria o seu coração humano ao Espírito de Deus, e foi esse Espírito eterno que lhe deu o empurrão interior, que o fez generoso para oferecer-se a Deus, num supremo gesto de amor, e tornar-se assim causa de salvação eterna para todos.

A finalidade última da oração é abrir o coração do ser humano à ação transformadora do Espírito de Deus. Jesus afirma no evangelho que: "Deus dará o Espírito Santo a quem o invoca". O sangue de Cristo, derramado na cruz, do qual nós fazemos memória como "sangue da Nova Aliança", ganha o seu valor justamente por causa dessa ação do Espírito eterno, que, como o fogo divino do Antigo Testamento, faz da morte de Jesus Cristo uma oferta agradável a Deus. E aqui é necessário dizer bem claramente que não foi de modo algum a parte cruenta, isto é, o derramamento de sangue, que agradou ao Pai, mas sim o fato de que tudo isso era a manifestação exterior da oferta amorosa de Jesus, que em relação ao Pai era obediência filial e em relação à família humana, um profundo gesto de solidariedade fraterna. Para ser sincero, deve-se dizer que foi o amor de Jesus Cristo que realmente nos libertou, nos redimiu e não o seu sangue como tal. É essa a novidade absoluta do Novo Testamento em relação ao Antigo Testamento.

O profeta Ezequiel, que não conhecia o Espírito Santo

como nós, profetizou assim: "Darei a vocês um coração novo... colocarei dentro de vocês o meu espírito, para fazer com que vivam de acordo com os meus estatutos..." (cf. Ez 36,26-27). Formar nos seres humanos um coração novo: essa é a ação do Espírito Santo. Espírito eterno, que na paixão transformou Jesus, e que ele nos deixou como herança. Trata-se do dom mais precioso, sobretudo em vista da missão que temos como Igreja, como povo de Deus.

E a ação desse verdadeiro "fogo divino" é sempre a mesma: transformar os corações para que toda a nossa vida seja agradável a Deus, na vivência do amor.

2. Como entender o fato de que o Espírito Santo apareceu em forma de pomba no batismo de Jesus?

Realmente, essa é a primeira e única vez na Bíblia que se fala do Espírito Santo que aparece em forma de pomba.

Em todos os quatro evangelhos repete-se o mesmo esquema: o céu se abre, aparece uma pomba que desce para posar sobre Jesus e uma voz, que vem do céu, dirige-se a Jesus chamando-o de Filho amado ou predileto.

Os estudiosos estão de acordo em reconhecer que esse episódio fundamental da vida de Jesus refere-se à sua unção ou consagração para a missão de Messias, que ele devia desempenhar.

O céu que se abre é sinal de uma intervenção importante e extraordinária de Deus na história humana. A voz que vem do céu cita mais ou menos as palavras de um dos Salmos de entronização do rei-messias, no caso do evangelho de Lucas, por exemplo, trata-se do Salmo 2.

Sendo assim a presença do Espírito Santo torna-se necessária, pois sempre que na Bíblia alguém recebe uma missão a cumprir, antes ou depois, diz-se que o "espírito de Javé" estava sobre ele ou ela. O caso de Maria, por exemplo, é único e o mais importante logicamente.

Por isso o Espírito Santo não podia faltar nesse momento, pois como ele foi indispensável para o nascimento de Jesus, o era também para o desenvolvimento da sua missão.

Até aqui todos os estudiosos estão mais ou menos de acordo. Mas as opiniões dividem-se um pouco quando se trata de explicar e entender por que o Espírito Santo aparece em forma de pomba. Vejamos algumas das explicações mais importantes:

— Muitos pensam que a pomba nesse caso é imagem da "esposa" do Cântico dos Cânticos, que desde o começo foi identificada com a Igreja, esposa de Cristo. Segundo essa tese, a pomba seria símbolo da Igreja, à qual o Espírito Santo estaria profundamente relacionado depois da ressurreição, quando foi doado por Jesus Cristo à primeira comunidade.

— Outros preferem entender a pomba dizendo que se trata da imagem da ave primordial que voava sobre as águas, antes da criação, conforme está escrito em Gn 1. Sendo assim o batismo de Jesus deve ser entendido como a aurora de uma nova criação.

— Uma terceira teoria diz que a pomba lembra a pomba de Noé, aquela que anunciou o fim do dilúvio e o começo de uma nova era de paz. Uma boa justificativa para essa tese é que em Is 54,9 Deus jura o seu amor eterno fazendo um referimento ao dilúvio.

Esses são os três modos diversos e mais importantes de entender essa aparição do Espírito em forma corpórea de pomba.

Chegando a esse ponto, os nossos leitores podem estar perguntando-se: qual das três interpretações é a melhor?

Posso responder que todas as três são bem fundadas e que nenhuma delas tem elementos suficientes para superar as outras duas. No fundo, cada uma das três teses acentua um dos aspectos do batismo de Jesus. De fato, Jesus Cristo veio para renovar a criação, e essa renovação marca o começo de uma nova era, uma nova era que está fundada sobre uma nova aliança, uma aliança que tem na Igreja de Jesus

Cristo o seu aspecto sacramental, isto é, de sinal visível e eficaz.

É importante lembrar aqui de que o Espírito de Deus, na Bíblia, é comparado com o vento que sopra onde quer, sem se deixar enjaular. Portanto, mesmo se dessa vez o Espírito Santo aparece sob a forma mais dócil e frágil de uma pomba, ninguém pense que seja possível domesticar essa pomba ou colocá-la dentro de uma bonita gaiola. Para dizer claramente seria assim: O Espírito Santo foi sim dado à Igreja, mas não é absolutamente uma propriedade exclusiva da Igreja. Ninguém pode domesticar essa pomba!

Sonhos

1. O que a Bíblia diz sobre os sonhos e as suas interpretações?

É bom saber que sono e sonho despertaram interesse desde os tempos mais antigos, porque de certa forma fazem parte do mistério da existência humana.

Desde o antigo Egito até a Mesopotâmia, para gregos e romanos, o sono, o elemento fisiológico, foi sempre valorizado pela sua propriedade de restaurar homens e animais cansados. O tempo do sono e do descanso é a noite, depois do trabalho e das preocupações do dia. Os heróis da antigüidade seguiam o ritmo da natureza, dormiam e acordavam cedo.

Já o sonho, o elemento psicológico, era valorizado entre os povos da antigüidade como manifestação misteriosa da vontade divina e como auspício para o futuro.

A interpretação dos sonhos entrava na esfera do divino e era reservada aos sacerdotes e aos sábios, aos quais cabia a tarefa de julgar quais sonhos deveriam ser considerados como uma mensagem divina, como um aviso celestial.

Podemos dizer que a teologia que sustenta essa valorização dos sonhos é uma concepção mística que não só admite a possibilidade da comunicação entre a divindade e os seres humanos, mas que considera que essa comunicação atua melhor quando o elemento humano coloca menos resistência, o que acontece justamente durante o sono e o sonho. O povo da Bíblia não pensava de um modo diferente.

De fato, tanto no Antigo Testamento como no Novo Testamento, Deus comunica-se com os seus escolhidos através de sonhos, durante o sono: Adão, Abraão, Jacó, José, Gedeão, Salomão, Daniel e Nabucodonosor, Samuel; no Novo Testamento: José, os reis magos, a mulher de Herodes, Paulo.

Mas, além daquilo que o povo da Bíblia tem em comum com os seus vizinhos, é necessário sublinhar as diferenças que são importantes.

A língua hebraica, diferente do grego e do latim, por exemplo, não distingue muito bem nos vocábulos que temos à disposição entre sono e sonho. Sendo assim, já no Antigo Testamento o sono, a parte fisiológica, já tinha certo valor simbólico, por exemplo, podia significar a relação sexual ou a morte. Usa-se também a expressão "sono de Deus" para falar do seu atraso em prestar ajuda a quem o invoca.

Outro elemento importante é que, na Bíblia, Deus fala nos sonhos. Ele comunica diretamente a sua vontade (o anjo fala a José; cf. Mt 1,20; 2,13), inutilizando assim a complicada arte de interpretação dos sonhos.

Não faltam também as críticas dos profetas e dos sábios de Israel sobre o valor do sonho como instrumento de comunicação da parte de Deus. Os sonhos eram considerados como um meio de segunda classe, porque podem enganar.

De fato, os grandes personagens da Bíblia, aqueles que receberam as mensagens mais importantes da parte de Deus para o seu povo, começando por Moisés e os grandes profetas, tinham o privilégio de falar com Deus cara a cara. Eles não receberam suas mensagens em sonho, durante o sono, mas quando estavam bem acordados. No Novo Testamento o exemplo mais claro é Maria.

As primeiras comunidades cristãs foram, ao contrário daquilo que pensavam os gregos e os romanos, pouco propensas a considerar o sonho como um valor religioso, isto é, como um canal de comunicação entre Deus e os seres humanos.

Sabemos que os sonhos, como demonstrou Freud e outros estudiosos, são na verdade frutos do nosso inconsciente, que é o grande depósito das nossas mais profundas aspirações e desejos, frustrações e desilusões. Ora, certamente tudo isso tem também uma relação com o divino.

Para concluir, podemos dizer que é verdade que um sonho pode levar-nos a pensar em Deus, mas acreditar que ele próprio espera esse momento para comunicar-se conosco atualmente é inaceitável.

Termos religiosos e afins

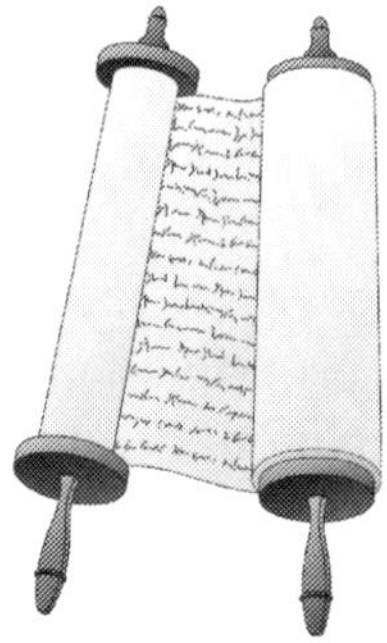

1. Que quer dizer sinagoga? E igreja?

Antes de tudo é curioso saber que, mesmo se tratando de uma coisa que interessa diretamente ao judaísmo, essa palavra não é de origem hebraica.

De fato, sinagoga é uma palavra grega, com maior exatidão, podemos dizer que se trata de um substantivo συν + αγω, que quer dizer "conduzir junto" ou "reunir". O significado, portanto, pode ser "reunidos" ou "reunião", com os vários significados que essas duas palavras podem ter.

Resumidamente, a história dessa palavra é a seguinte:

Lá pelo século III a.C., no Egito, e mais precisamente na grande e importante cidade de Alexandria, situada na foz do rio Nilo, havia uma importante comunidade judaica. Nessa comunidade falava-se o grego, a língua comum naquela região dominada pelos gregos.

Dispersos em vários lugares, por causa da política dos grandes impérios e da perseguição religiosa interna, os judeus sentiam sobretudo saudade do Templo, lugar por excelência onde se podia prestar culto a Javé, oferecendo os sacrifícios prescritos na Lei de Moisés.

Na impossibilidade de oferecer sacrifícios, a comunidade, chamada de "diáspora", palavra grega que significa "dispersão", reunia-se para escutar a leitura das Sagradas Escrituras e para escutar o comentário e a atualização feitos pelos escribas e doutores da lei. Essas reuniões chamavam-se em grego "sinagoga", isto é, reunião.

Com o passar do tempo, a palavra "sinagoga" passou a indicar o lugar onde se reúne uma comunidade de judeus, no dia de sábado, para ler a Torá, e assim é usada atualmente.

O interessante é que a palavra "igreja" fez o mesmo caminho que a palavra "sinagoga". De fato, a palavra "igreja" vem do verbo grego καλεω, que quer dizer: "chamo fora", ou seja, "convoco para uma reunião".

Com o passar do tempo, na linguagem dos cristãos εκκλησια passou do significado de "convocação" ao de "reunião" ou "assembléia", reunida para o culto. Reunião que acontecia numa casa familiar, como podemos ler nas cartas de Paulo, ou nas catacumbas durante o tempo das perseguições.

Mais adiante, essa palavra passou a ter o significado específico que tem hoje, isto é, designar o lugar, o edifício, onde a comunidade se reúne para a liturgia.

É claro que muito se falou e escreveu para recuperar o sentido original dessa palavra, mas o que acontece realmente é que na prática, na linguagem comum, quando se diz "igreja", está quase sempre se falando do edifício. É nos livros de teologia que a palavra "igreja" recupera parte de sua história, de seu antigo significado.

A diferença fundamental entre as duas palavras "sinagoga" e "igreja" é que, na sua origem, a palavra "igreja" sublinha o aspecto vocacional da assembléia, isto é, trata-se de uma reunião que é resposta a uma convocação, a uma chamada, enquanto que "sinagoga" sublinha o fato do auto-reunir-se.

2. Qual o significado da palavra bíblica *shalom*?

Essa palavra geralmente é traduzida por "paz". Normalmente entendemos a palavra paz como o oposto de guerra, assim "tempo de paz" é oposto a "tempo de guerra". Se não tem guerra, tem paz!

Mas a palavra hebraica *shalom* não é somente o oposto de guerra. *Shalom* indica também o bem-estar do viver cotidiano, de quem vive em harmonia com a natureza, consigo mesmo, com o seu próximo e com Deus.

Na Bíblia, a palavra *shalom* indica as boas condições de saúde e era usada como uma saudação. Indicava a existência de concórdia e segurança e significava também a vitória contra o inimigo.

Por outro lado, *shalom*, paz, falta na doença, quando há discórdia e discussão, quando se rompe a aliança com Deus, falta quando se pratica a injustiça contra o próximo.

Concretamente *shalom* era o fruto e o sinal da justiça, isto é, quando cada um tem o necessário para viver bem.

Com o passar do tempo, essa palavra foi ganhando significados novos, sem perder os antigos.

O povo da Bíblia foi percebendo que somente o Senhor Deus era capaz de garantir concreta e realmente a *shalom* para o seu povo. Então, fala-se de Deus como "criador da paz". Ele faz reinar a paz desde o alto dos céus e a concede a todos aqueles que o servem.

O homem obtém esse dom divino sobretudo por meio da oração confiante e pela prática da justiça, isto é, pelo respeito das Leis de Deus e dos direitos do próximo.

Também se diz que Deus quer que os homens colaborem com ele na construção da paz sobre a terra.

Mas os profetas levantam a voz para alertar que a *shalom* não se constrói somente com alianças políticas, muitas vezes apoiadas sobre mentiras, enganos e injustiças. Os profetas anunciam que a paz verdadeira e duradoura chegará com os tempos messiânicos, quando Deus mesmo governará o seu povo. Então o futuro Messias é chamado príncipe da paz, pois com a sua chegada inaugura-se um tempo de paz.

No Novo Testamento, a palavra grega ειρενη (*eirene*) traduz a palavra hebraica *shalom*. E várias vezes é usada com essa mesma riqueza de significados.

Jesus usou essa palavra para despedir quem havia curado com um milagre; para garantir que havia perdoado os pecados; e sobretudo para saudar os discípulos depois da ressurreição.

Da Bíblia surge uma mensagem importante: a paz não deve ser apenas considerada como aquilo que falta quando temos a guerra. A paz é o conjunto de todos os esforços humanos feitos para manter uma vida digna para todos. A paz é fruto de cada gesto humano que deseja estabelecer e manter a justiça. A paz não é somente ausência de guerra, mas é, sobretudo, fruto do amor a Deus e ao próximo!

3. Que quer dizer a palavra "hosana" com a qual o povo aclamou Jesus quando ele se aproximava de Jerusalém para celebrar a sua última Páscoa?

A origem dessa palavra está na raiz *yasah*, que em hebraico pode significar salvar, libertar, preservar, defender, socorrer, ajudar, proteger. Trata-se da mesma raiz do nome "Jesus".

Essa raiz verbal, com essa riqueza de significados, aparece várias vezes na Bíblia, porém, sempre na forma causativa, isto é, com o significado de uma ação realizada por alguém em favor de outro. Uma só vez aparece sob a forma de invocação, isto é, quando se invoca alguém para que realize uma ação de salvação, libertação, proteção etc.

Trata-se precisamente do Salmo 118,25, no qual lemos em hebraico: *anna adonai hosiah-nna*, que podemos traduzir assim: Por favor, Senhor, salva-nos, ou protege-nos, ou socorre-nos, ou liberta-nos. Trata-se, portanto, de um pedido de ajuda, um grito de socorro: *hoshiah-nna*!

Acontece que esse salmo se tornou muito popular, pois fazia parte do grupo dos chamados "salmos de aleluia", ou seja, um grupo de salmos cantado nas festas, e que convidava a louvar e a agradecer a Deus os inumeráveis benefícios realizados.

Esse salmo era recitado várias vezes durante as duas principais festas do povo da Bíblia: a festa da Páscoa e a festa dos Tabernáculos ou das Tendas.

No sétimo dia da festa das Tendas, durante a procissão, todos agitavam ramos de palmeira e de salsa e cantavam uma espécie de ladainha, cujo refrão era justamente esta palavra: *hosana*.

Nessa época, esse grito de socorro, esse pedido de ajuda, já se havia transformado também em grito de alegria, pois o pedido de ajuda a Deus é acompanhado da certeza de que ele vai agir. Sendo assim, quase pode ser traduzido pelo nosso: "Viva!" Portanto, nesse grito de socorro já estava incluída a certeza de que Javé age para defender, proteger, libertar, salvar o seu povo eleito.

É justamente esse o refrão que os evangelistas colocam na boca do povo quando aclamam Jesus, que se aproxima de Jerusalém para celebrar a sua Páscoa. Pedido de socorro, invocação de ajuda, mas ao mesmo tempo certeza de uma salvação que já atua na história.

Como podemos perceber, a riqueza dessa palavra, dessa invocação-aclamação, é grande seja pela sua tradição bíblica e litúrgica seja também pelo seu significado teológico. Talvez seja por isso que os autores do Novo Testamento não traduziram essa palavra. Preferiram simplesmente transcrevê-la na sua forma aramaica, isto é, *hosana*, que era um pouco mais curta que a sua forma hebraica *hosiana*.

E quando o texto grego do Novo Testamento foi traduzido para o latim e séculos mais tarde para as inumeráveis línguas modernas, a palavra *hosana* continuou sendo transcrita, mas não traduzida, continuou pelo seu caminho carregando a sua riqueza, podemos dizer, teológica. Foi assim que *hosana* chegou até o português carregando em seu seio, através da história, a sua riqueza de significados. Assim essa palavra é rezada e cantada por milhões de cristãos que, na realidade, porém, não conhecem o significado daquilo que estão dizendo ou cantando, o que é uma pena! Acredito que não seja o caso, porém, de traduzir *hosana* por "socorro" ou "viva".

Mas mesmo se continuamos cantando "hosana, hosana, hosana", como se cantava no tempo de Jesus, é útil e bom conhecer o rico significado que essa palavra contém.

4. Por que se fala de Dêutero-Isaías e de Trito-Isaías? Que significa?

Os estudiosos da Bíblia, e especialmente aqueles que estudam a literatura profética, descobriram que o livro que leva o nome do profeta Isaías é uma obra escrita, em três momentos históricos diferentes, por três ou mais autores.

Assim, no final do século XVIII da nossa era, chamou-se Dêutero-Isaías, isto é, "segundo Isaías", a parte do livro de Isaías que vai do capítulo 40 ao 55. Foi percebido, de fato, que nessa parte do livro o conteúdo, o estilo, o tema de fundo são diferentes em relação à primeira parte; pode-se falar então que foi escrita por um outro autor.

Notou-se ainda uma terceira parte no livro, que também era obra de um terceiro autor, e foi chamada então Trito-Isaías, isto é, "terceiro Isaías". Essa terceira parte começa com o capítulo 56 e vai até o final do livro, o capítulo 66.

Quanto à data de composição, sabemos o seguinte: a primeira parte do livro, obra do conhecido profeta Isaías, foi escrita no século VIII a.C. A segunda parte foi escrita por um autor desconhecido, muito provavelmente na época do exílio babilônico e nos anos sucessivos; estamos portanto nos séculos VI-V a.C. A terceira parte do livro de Isaías, que é uma coleção de oráculos de profetas, é aceita por quase todos os estudiosos, como uma obra pós-exílica, isto é, a partir do ano 538 a.C.

Quanto ao conteúdo, podemos notar que, por exemplo, no Dêutero-Isaías a fé em um só Deus, tema da primeira parte do livro, é levada às suas últimas conseqüências, isto é, não só se nega o poder dos outros deuses, mas se nega até mesmo que eles existam (Is 44,6). As profecias messiânicas falam não tanto de um rei-messias, mas de um profeta e de um "servo de Javé" que morre pelos seus semelhantes (Is 50ss.). Essas profecias são muito lidas na liturgia durante o período do Advento e mais ainda na Semana Santa.

Quanto ao Trito-Isaías, o tema principal é a vida da comunidade. Trata-se da liturgia, das práticas de piedade, e quando se diz essas são verdadeiras ou falsas, alerta-se contra a tentação e o perigo da idolatria, isto é, o de acreditar nos falsos deuses que na verdade não existem, e exorta-se a não pecar.

Outro tema importante nessa terceira parte do livro de Isaías é a saudade de Jerusalém e do seu Templo, que se transforma na esperança da reconstrução da cidade e do Templo, como de fato aconteceu. Espera-se também o julgamento definitivo de Deus contra as nações inimigas e a chegada e permanência da glória de Deus no meio do seu povo.

De qualquer modo, essa variedade de autores e de datas e essa diversidade de temas e argumentos não tiram a autoridade do livro de Isaías nem diminuem a sua importância. Pelo contrário, esses autores que escrevem usando o nome do conhecido profeta demonstram apreciar e valorizar a espiritualidade, o modo de pensar, as idéias principais de Isaías. Podemos pensar que, com certeza, esses autores eram discípulos de Isaías que continuaram, mesmo no anonimato, a obra do próprio mestre. Esse modo de fazer era comum naqueles tempos, quando não havia absolutamente o que hoje conhecemos como "direito autoral". As "sagradas leis" do capitalismo individualista não existiam naqueles tempos, muito menos a exacerbada busca de fama e reconhecimento por parte dos escritores e pensadores.

5. Na Bíblia, várias vezes fala-se da glória de Deus, canta-se, proclama-se etc. De que se trata?

A palavra hebraica que se traduz por glória é *kabod* e significa honra, poder, riqueza, capacidade de influenciar os outros, gozar da consideração dos outros (Gn 31,1; 45,13; Sl 49,17). Essa palavra no Antigo Testamento não é usada exclusivamente para falar de Deus. É usada também para falar que uma pessoa é rica ou de um rei que aumenta o seu poder e o seu raio de influência (Is 16,14). Quanto a Deus, a sua glória manifesta-se nos fenômenos naturais, como por exemplo: nuvens, temporais, fogo, luz (Êx 24,15-18; 33,18ss.; Ez 1,4).

A glória de Deus também se manifesta em certos lugares especiais, como por exemplo: montanhas, mares, tenda de revelação, templo (Êx 3; Mc 6,48; Êx 40,34; Is 6).

Mas Deus manifesta sobretudo a sua *kabod*, isto é, a sua glória, quando ele se faz conhecer e se revela através da realização de um ato de libertação, de salvação.

Deus não divide a sua glória com ninguém, porque está ligada intimamente à sua santidade, e ninguém é santo como Deus (Is 42,8; 48,11). Em alguns textos a glória e o nome de Deus significam a mesma coisa (Sl 66,2; 79,9).

No Novo Testamento, a palavra grega usada é δόξα (dóxa), que tem a mesma riqueza de significado da palavra hebraica *kabod*.

Dar glória a Deus, convite que aparece em muitos textos litúrgicos, significa, portanto, reconhecer o seu poder, a sua honra, a sua fama, a sua influência. Significa reconhecer a sua majestade divina (At 12,23; Rm 4,20).

São João diz que a glória escondida de Deus apareceu no Cristo entre os homens, mas é reconhecível somente através da fé (Jo 1,14; 11,4.40; 2,11).

Em alguns textos do Novo Testamento afirma-se que os fiéis, além de ver a glória de Deus, também participarão dessa glória (Jo 17,22; Rm 8,17ss.; Fl 3,21), porque serão a imagem da glória de Deus (2Cor 3,18).

Também se diz que toda tribulação desembocará na glória de Deus, porque Jesus Cristo é a esperança da glória (2Cor 4,17; Cl 1,27) e todos são chamados e destinados à glória (1Cor 2,7; 1Ts 2,12s.; 1Pd 5,1.10). Com Cristo, escreve Paulo, os fiéis aparecerão na glória (Cl 3,4).

Como no Antigo Testamento e também no Novo Testamento, falar da glória de Deus é falar sobretudo da manifestação da sua ação salvadora e libertadora.

Quanto a Jesus Cristo, a sua glória revelou-se na transfiguração, na paixão, na cruz e na ressurreição. Com a ascensão, Jesus Cristo entra definitivamente na sua glória (At

1,9; Fl 2,9; 1Tm 3,16). Mas também se diz claramente que Jesus Cristo voltará! E nessa sua nova vinda à sua δόξα, isto é, à sua fama, ao seu poder, à sua honra, à sua riqueza, à sua influência, numa palavra à sua glória, será manifestada abertamente diante de todos os povos, de todos os tempos. A festa não será exclusiva e o convite não é só para assistir! O convite é para que todos participem. Até mesmo a criação abriga a esperança de participar, pois "ela também, escreve São Paulo aos Romanos, será libertada da escravidão da corrupção, para participar da liberdade e da glória dos filhos de Deus" (Rm 8,21).

Só ficará mesmo fora da festa quem rejeita absolutamente participar!

6. Que significa a palavra *baal* que encontramos na Bíblia?

A palavra *baal* significa senhor, no sentido de dono ou patrão.

Na Bíblia, essa palavra é usada como nome de lugar, por exemplo, Baal-Hermon (Jz 3,3), Baal-Gad (Js 11,17), ou Baal-Hasor (2Sm 13,23). Era usado também como nome de pessoa: Isbaal e Meribaal, que era filho de Jônatas e neto de Saul, primeiro rei de Israel (2Sm 4,1-4; 1Cr 9,39s.).

Mas esta palavra *baal* é usada, sobretudo, na Bíblia para indicar divindades diversas, que em verdade não tinham nada em comum além do fato de serem uma divindade.

Fala-se, por exemplo, do baal de uma árvore, do baal de um lugar (cf. Zc 12,11). Isso porque era comum naquela época e naquela região considerar determinado deus como sendo dono ou patrão de um lugar, isto é, a divindade que era adorada naquele lugar. Isso era o contrário do costume dos povos nômades, dos quais descendia Israel, que consideravam as divindades como deuses dos pais, isto é, como uma divindade que pertence ao clã familiar.

Esses deuses dos pais não eram adorados num lugar determinado, porque acompanhavam esses povos que, por serem nômades, andavam de um lugar para outro sem referência fixa.

Na terra de Canaã, atual Palestina, o deus Baal era o grande dispensador da fertilidade e era adorado sobretudo nas baixas colinas da região, onde era praticado o ritual da fecundação através das prostitutas sagradas.

Os baals eram muito populares na terra de Canaã, onde foi morar o povo de Israel.

Aos poucos, Baal passou a ser o nome próprio de um deus ao qual foram atribuídos os vários cultos que inicialmente eram atribuídos aos diversos baals, isto é, aos diversos deuses de vários lugares. Em outras palavras, isso significa que determinado Baal assumiu o domínio e o poder sobre os outros baals.

Assim Baal passou a ser considerado como o grande adversário de Javé, Deus de Israel. E apesar da pregação e da oposição dos profetas, o culto a Baal e aos vários baals resistiu muito tempo em Israel.

Alguns reis favoreciam esse culto que era muito difundido entre a população que já habitava aquelas terras, antes da chegada dos israelitas, e era popular também aos escravos de guerra que viviam em Israel, os quais identificavam esses baals locais com os próprios deuses.

Os reis de Israel chegavam até mesmo a consultar essas divindades locais e a promover-lhes o culto. O exemplo mais famoso é aquele de Acab, que, instigado pela sua mulher Jezabel, fez de tudo para incrementar o culto a Baal, o que provocou a furiosa reação do profeta Elias, que foi perseguido por causa disso (1Rs 18,18).

Mas com a ajuda de Javé, o profeta Elias desafiou e venceu os sacerdotes de Baal naquele famoso episódio que aconteceu no Monte Carmelo, que podemos ler no primeiro livro dos Reis, capítulo 18. Boa leitura!

7. O que é apocalíptico?

É antes de tudo um gênero literário, isto é, um modo, uma forma de escrever, de transmitir uma mensagem, como por exemplo um romance, uma biografia ou uma novela.

Esse gênero literário chamado apocalíptico foi muito difundido e praticado entre o século II a.C. e o século I d.C. Um período de mais ou menos três séculos.

O momento difícil e angustioso que se vivia naquele período fazia com que se meditasse bastante sobre o sofrimento humano e sobre a glória futura reservada aos bons.

Assim, utilizando algumas informações e dados que vinham da tradição, chegava-se a conceber a própria época como via definitiva da vitória de Deus e dos bons. Com outras palavras, podemos dizer que se considerava e se pensava que o fim do mundo era próximo.

Para chegar a esse tipo de previsão, fazia-se uso de velhas imagens e símbolos, da cosmologia, isto é, da observação dos astros; também se especulava com os números e com as letras do alfabeto. Aqui, por exemplo, encontra-se a raiz mais antiga da cabala. Utilizavam-se também como símbolo os grandes animais ferozes, como dragões e peixes; e também se fazia grande uso nessa literatura dos anjos, bons e maus.

Era comum também a descrição de aparições que serviam como sinais que preanunciavam a chegada das provas finais e do fim do mundo. Falava-se do julgamento do mundo, da bem-aventurança dos bons e da desgraça dos malvados.

Havia pessoas que afirmavam ter recebido "revelações" por meio de visões e de sonhos; para confirmar tudo isso, lançava-se mão de personagens antigos, tais como Henoc, o mais badalado, Adão, Elias e outros.

Na Bíblia, podemos encontrar textos que pertencem de certo modo a esse tipo de gênero literário. Por exemplo, há vários trechos no livro do profeta Ezequiel (1,4-28; 10,1-22; 37,1-14; cap. 40-48), do livro de Isaías (cap. 24-27), do profeta Zacarias (cap. 9-14), do profeta Joel (cap. 3-4) e especialmente no livro de Daniel (cap. 7-12).

Todos esses textos bíblicos são de certo modo uma antecipação da grande e variada literatura apocalíptica extrabíblica que brotou, como já falamos, no período entre os dois testamentos. Isto é, o período que ocorreu entre a escritura do último livro do Antigo Testamento e os livros do Novo Testamento.

Além do que podemos encontrar nos evangelhos e nas cartas de Paulo, encontramos sobretudo no livro do Apocalipse os elementos que pertencem a esse gênero literário. Mas aqui é necessário fazer logo uma precisão muito importante.

Os textos bíblicos, que pertencem a esse gênero literário, são muito sóbrios em comparação com o que se pode ler nos textos extrabíblicos, nos quais a fantasia concebe muitas vezes verdadeiras aberrações e exagerações.

Uma última observação. Também agora, neste nosso tempo que se inicia com o novo milênio, muitas vozes irão levantar-se, ou já se levantaram, para anunciar e proclamar a catástrofe e o fim do mundo. Vozes que muitas vezes utilizam como instrumento os textos da Bíblia.

Seria muito oportuno, então, que os católicos se informem bem e, sobretudo, não se deixem enganar. É um dever e uma responsabilidade de cada cristão conhecer o conteúdo da fé que professa!

8. O "Pai-nosso" é uma fórmula de oração ou um esquema para rezar e viver?

Daquilo que lemos nos evangelhos, acredito que o Pai-nosso é muito mais que uma simples fórmula de oração já pronta para o uso.

Comparando os dois evangelhos que falam do Pai-nosso, podemos notar algumas pequenas diferenças, mas sobretudo o que têm de igual.

Em Lucas está no começo do capítulo 11! Segundo Lucas os discípulos, vendo que Jesus rezava, pediram-lhe que os ensinasse como fez João Batista com os seus discípulos. O Pai-nosso em Lucas é mais curto, tem menos palavras, digamos que tem as palavras essenciais: Pai, nome santificado, reino que vem, pão cotidiano, perdão recebido e oferecido, fuga da tentação.

Mateus coloca o Pai-nosso no contexto do Sermão da Montanha, no qual Jesus é apresentado como o novo Moisés. Sendo assim, podemos pensar que Mateus deseja substituir a famosa oração das dezoito bênçãos, que era a oração mais importante para os hebreus no Antigo Testamento. Jesus como novo Moisés ensina um novo modo de rezar.

A grande novidade é o fato de poder dirigir-se a Deus chamando-o de Pai, que significa intimidade. Era uma grande novidade, se pensarmos que no tempo de Jesus se evitava pronunciar até mesmo o nome de Deus para acentuar ao máximo a sua transcendência, isto é, a sua distância de nós, simples mortais.

O Pai-nosso no evangelho de Mateus é praticamente igual ao que usamos. As palavras a mais podemos considerar como explicações ou como um modo de aproximar essa "oração" à mentalidade judaica. Ele diz, por exemplo, que o Pai está no céu e que o reino é a realização da vontade de Deus em todo lugar e sempre; é isso que significa "céu e terra".

Ele usa "dívida" para explicar que o pecado é como uma dívida que deve ser paga; podemos lembrar as parábolas de Jesus que fala do homem que teve a sua dívida perdoada pelo patrão, mas que depois não quis perdoar a dívida do próprio companheiro. E no final Mateus esclarece que as tentações não vêm de Deus mas do mal.

Como podemos notar não se trata de uma simples fórmula de oração, mesmo porque essa é a única vez, nos quatro evangelhos, que Jesus ensina as palavras com as quais se deve rezar. Nos outros lugares, Jesus diz que é preciso rezar ou pedir o Espírito Santo, mas não fala como.

Logicamente, desde o começo da nossa fé, essa fórmula tornou-se a oração por excelência dos cristãos e modelo da oração da Igreja. Mas como sabemos bem essa oração, e de memória, na maioria das vezes que a rezamos com essas palavras, nem paramos para pensar o que estamos dizendo. Quando isso acontece, o Pai-nosso é como um cheque sem assinatura, não tem valor.

É bom lembrar aqui daquela famosa frase de Jesus: "Não quem diz Senhor, Senhor, entra no reino de Deus, mas quem faz a sua vontade", é justamente o que pedimos no Pai-nosso.

É bom saber que Deus não pode fazer aquilo que devemos fazer! A realização da vontade de Deus depende também da nossa vontade de realização. Mistério do Amor!

9. Que é o antropomorfismo? Existe na Bíblia?

Essa palavra deriva da união de duas palavras gregas: *ándropos* (homem) e *morfé* (forma), *morfóo* (formar). Podemos dizer então que "antropomorfismo" significa literalmente "dar uma forma humana".

De fato, antropomorfismo é o nome que se dá a uma linguagem figurada usada para falar de Deus, uma linguagem que usa como ponto de referimento o ser humano.

Na Bíblia, encontramos vários exemplos dessa linguagem antropomórfica. Fala-se por exemplo da "face de Deus", da "boca de Deus", dos "olhos de Deus" (Êx 33,23; Dt 8,3; 1Sm 15,19). Usa-se também como ponto de referimento o comportamento humano e fala-se então do "arrependimento de Deus", da "ira de Deus", da "alegria de Deus" (Gn 6,6; Êx 15,7; Dt 28,63).

Esse tipo de linguagem figurada é muito comum na Bíblia, especialmente no Antigo Testamento. Mas foi evitada e bastante atenuada na tradução grega da Bíblia hebraica, chamada "Setenta", feita no Egito mais ou menos dois séculos antes de Cristo. O motivo principal era o de acentuar a distância que existe entre Deus e as suas criaturas, o mundo do divino e o mundo humano.

Mas o lado positivo dessa linguagem antropomórfica é justamente o de ajudar a falar de Deus de um modo mais vivo, é o de ajudar a apresentar Deus como senhor da história, um Deus presente e operante na nossa história.

Mas por outro lado, na Bíblia, toma-se muito cuidado para não cair no ridículo de humanizar Deus. Para isso muitas vezes encontramos na Bíblia afirmações fortes que convidam a não colocar Deus no mesmo nível que o ser humano.

No livro do profeta Oséias, depois de uma série de imagens antropomórficas, lemos o seguinte: "Não me deixarei levar pelo ardor da minha ira, não vou destruir Efraim. Eu sou Deus e não homem. Sou o Santo em seu meio e não um inimigo devastador" (Os 11,9).

Temos, portanto, por um lado um antropomorfismo que nos aproxima de Deus, mas ao mesmo tempo encontramos a declaração divina que convida a não exagerar na comparação entre o agir de Deus e o agir dos seres humanos.

Numa outra passagem, do primeiro livro dos Reis, Deus afirma de modo categórico que não habita materialmente em nenhum templo construído por mãos humanas (1Rs 8,27), mesmo assim aceita que Salomão construa um templo em Jerusalém.

É clara também na Bíblia a afirmação de que não tem sentido falar de sexualidade em Deus e que não se deve absolutamente criar estátuas ou imagens para representá-lo (Êx 20,4).

Mas atenção, no caso de Jesus Cristo não podemos falar de antropomorfismo, pois como lemos no começo do evangelho de São João: "E a Palavra se fez homem e habitou entre nós" (Jo 1,14). Jesus não tinha somente a forma de homem, ele era realmente homem. Não se trata de um excelente antropomorfismo, mas sim do mistério da encarnação do Filho de Deus.

São João nos diz: "Ninguém jamais viu a Deus; quem nos revelou Deus foi o Filho único, que está junto ao Pai" (Jo 1,18). É um paradoxo, mas é assim mesmo: a única imagem que temos de Deus é aquela do seu Filho que assumiu totalmente a nossa natureza humana, criada à imagem e semelhança de Deus.

10. Por que a arqueologia é importante para a Bíblia?

A palavra "arqueologia" é formada pela união de duas palavras gregas. Uma é αρχη, que significa início, origem, causa primeira. A outra é λογος, que significa palavra, mensagem, conversa, ensinamento.

Isso quer dizer que semanticamente a palavra arqueologia significa "uma palavra, uma conversa, um ensinamento sobre o começo, sobre as origens".

De fato, a arqueologia é uma ciência que estuda o passado, assim como a história. Mas o característico dessa disciplina é que esse conhecimento do passado é baseado sobre os restos materiais, bem concretos, que sobraram desse passado.

Os restos ou "testemunhas do passado" podem ser um monte de ruínas que cobre o lugar onde existia uma cidade (tecnicamente chamados *tell*), restos de construções (Coliseu, em Roma), monumentos funerais ou tumbas nas quais se encontram as ofertas deixadas para os mortos, que na maioria das vezes são objetos e utensílios usados na vida cotidiana.

Todo esse material é buscado e encontrado nas várias escavações arqueológicas que se realizam em vários lugares. Um trabalho duro e lento, feito na maioria das vezes longe dos refletores e quase sempre totalmente desconhecido pelo grande público. Um trabalho que tem pouco a ver com os filmes de "Indiana Jones"!

No começo do nosso século, sobretudo através do trabalho pioneiro realizado pelos professores da "École Biblique et Achéologique Française de Jérusalem", fundada e dirigida pelos padres dominicanos, essa disciplina foi convocada, podemos dizer assim, a dar a sua colaboração aos estudos bíblicos.

A finalidade principal não é demonstrar a verdade das narrações bíblicas, a todo custo, mas buscar conhecer melhor a verdade dos fatos históricos como tais. Porque esse conhecimento é muito importante para descobrir a mensagem religiosa e teológica de uma narração bíblica.

É lógico que a colaboração da arqueologia é importante para os estudos bíblicos! A arqueologia algumas vezes confirma o que a Bíblia diz; outras vezes ajuda a entender melhor o que ela está dizendo e, sobretudo, ajuda a integrar os dados históricos fornecidos pela Bíblia no quadro mais amplo da história e da cultura do Antigo Oriente Médio.

Em alguns casos, a arqueologia levou os estudiosos da Bíblia a rever a interpretação ou o sentido dado tradicionalmente a certos textos bíblicos. Por exemplo, as descobertas arqueológicas feitas em Jericó estão obrigando os exegetas a ler de um modo diferente o texto bíblico que narra a conquista espetacular da cidade. Isso porque os arqueólogos descobriram que os muros da cidade já não existiam como tal na época em que a Bíblia diz que a cidade foi conquistada por Josué.

Enquanto os exegetas se debruçam sobre o texto escrito da Bíblia e escavam-no até os mínimos detalhes para melhor compreendê-lo e explicá-lo, os arqueólogos escavam paciente e tenazmente as montanhas de ruínas em busca de algum "testemunho da história", que lhes permita conhecer e entender melhor o segredo da história humana.

A arqueologia é uma ciência nova, as primeiras escavações foram feitas de modo um pouco aventuroso e sem uma precisa disciplina. Atualmente é uma ciência muito bem organizada, mas que não perdeu o fascínio das origens. Ainda hoje é preciso ser muito curioso e corajoso, além de inteligente, para ser um bom arqueólogo.

11. O que a Bíblia nos diz sobre o nome de Deus?

Antes de tudo, é bom lembrar de que na mentalidade dos povos semitas, dos quais fazia parte o povo da Bíblia, o nome invoca o mistério da personalidade, isto é, da pessoa que leva o nome.

O nome substitui o "eu" incomunicável de cada pessoa; podemos dizer que é a sua expressão sonora, a sua manifestação social (cf. Êx 31,2; Nm 1,17; Is 41,25; Lc 1,63; Jo 3,18). Em outras palavras podemos dizer que o nome tinha muito a ver com a pessoa e, vice-versa, a pessoa com o nome.

Tanto é verdade que, em alguns casos importantes, a pessoa muda de nome quando muda a sua posição social, isto é, quando é encarregada de uma nova missão que mudará os rumos da sua vida. Isso acontece, por exemplo, com Abraão, Sara e Jacó no Antigo Testamento (Gn 17,5; 17,15; 32,28-29); com Pedro e Paulo no Novo Testamento (Mt 16,17-19; At 13,9).

Se essa relação pessoa-nome era tão importante para as pessoas humanas, muito mais o era para as divindades.

O culto e a celebração dos nomes de divindades existiam em todo o Oriente Médio: Mesopotâmia, Siro-Palestina, Ásia Menor. No Egito o nome define as qualidades e o poder dos deuses, mesmo se esses deuses possuíam vários nomes.

Havia também nomes secretos para o deus supremo, nome que não se podia pronunciar sob pena de morte. Tudo isso para salvaguardar o mistério da divindade.

Mas na magia, ao contrário, a invocação do nome da divindade era essencial! Sim, porque saber o nome do Deus era dispor da sua força, era ter uma presa, um domínio sobre ele. É por isso que o povo da Bíblia não aceitava nenhuma forma de magia, nem a construção de imagens do seu Deus, pois essas eram usadas justamente pela magia.

Não tendo nenhuma imagem do próprio Deus, o povo da Bíblia aumentava assim ainda mais a importância dada ao nome divino. O nome divino, para o povo da Bíblia, equivalia à imagem não somente sonora mas também visual da essência divina.

É por isso que Deus não disse o seu nome a Jacó quando o abençoou, depois de uma noite de luta, e deu-lhe um nome novo (Israel), que significava também uma nova posição social (Gn 32,23-33). De fato, Israel é o nome do futuro povo de Deus, que nasce, segundo a Bíblia, dos doze filhos de Jacó (Êx 1,1-7).

Somente muito mais tarde, no contexto da chamada de Moisés, é que acontece a revelação do nome divino. O Deus dos pais se transformará no Deus de um povo. E Moisés insistiu em saber o nome desse Deus, pois não era suficiente dizer ao faraó "o deus de Abraão me enviou..." O mesmo povo desejaria conhecer o nome do seu Deus. E Deus não rejeita esse pedido de Moisés e revela-lhe o seu nome: "Eu sou aquele que sou... Assim você falará aos filhos de Israel: 'Ele é (Javé), o Deus dos antepassados... foi quem me enviou até vocês" (cf. Êx 3,13-15). A forma verbal hebraica formada pelas quatro letras YHWH (Javé) pode significar, segundo o contexto, passado-presente-futuro (foi-é-será; cf. Ap 1,8).

Por isso, quando Deus disse a Moisés que chamava "eu sou", que na boca de Moisés transforma-se em "ele é" (Javé), estava revelando a sua essência, uma revelação de grande valor religioso naquele contexto cultural e religioso. A partir daí esse seria o nome com o qual o povo da Bíblia invocaria para atualizar a presença do seu Deus. Esse seria o nome invocado sobre Israel como proteção absoluta. E esse era o Deus que Israel serviria para sempre (cf. salmos e profetas).

12. A Bíblia tem uma definição para Deus?

Encontramos ao longo de toda a Bíblia várias expressões para falar de Deus e para falar a Deus. Diz-se que Deus é minha força, minha rocha, meu libertador, meu Senhor, meu escudo, meu baluarte, meu pai, meu consolador, minha salvação e outras mais.

Mas é necessário esperar quase as últimas páginas da Bíblia para encontrar a única e definitiva definição de Deus. Essa definição é encontrada em 1Jo 4,8-16. O versículo 7 diz assim: "E todo aquele que ama nasce de Deus e conhece a Deus" e no versículo 8 repete a mesma coisa ao contrário: "Quem não ama não conhece a Deus".

Trata-se de uma linguagem poética que prepara o leitor para receber a importante afirmação-revelação que vem logo em seguida: "porque Deus é amor". Mais adiante, repete-se no versículo 16 a mesma verdade de uma forma diferente, porém mais rica: "Deus é amor, e quem permanece no amor permanece em Deus e Deus nele". Se considerarmos a Bíblia como um livro, e de um ponto de vista realmente o é, então podemos compreender que essa afirmação tão solene, essa revelação tão importante que encontramos quase no final desse livro não pode ser bem compreendida, e até bem aceita, se não conhecemos o conteúdo desse livro.

Foi o profeta Oséias quem pela primeira vez apresentou a história do povo da Bíblia com a imagem de um esposo que busca amorosamente a sua amada esposa.

O Cântico dos Cânticos é a expressão literária mais bela e apaixonante do simbolismo de Oséias. (Pena que a sua linguagem seja tão encarnada que impede o leitor, desprovido de algumas informações essenciais, de descobrir a maravilha desse livro.)

Seguindo ou não a intuição de Oséias, os outros grandes profetas também se esforçaram por demonstrar que é somente o amor de Javé, o amor que ele nutria pelo seu povo, é que justificava tudo que ele havia feito pelo seu povo e o que ainda faria, apesar das repetidas infidelidades e dos vários pecados do povo. É só ler Jeremias, Ezequiel, Isaías e também os chamados profetas menores para conferir.

Nos Salmos, essa verdade fundamental do amor de Javé pelo seu povo é transferida para o plano pessoal. Com outras palavras, podemos dizer que se os profetas falam do amor de Deus "por atacado", nos Salmos fala-se do amor de Deus "a varejo". Isto é, Deus não ama somente social ou comunitariamente, ele ama também pessoalmente. No Novo Testamento essa verdade é anunciada com todas as letras!

É só ler com atenção as cartas de Paulo para ver com quanta paixão e fé ele escreve às suas comunidades para anunciar, confirmar e esclarecer, na medida do possível, o mistério amoroso de Deus, no qual cabe todo o universo e cada ser humano (cf. 1Cor 13; Rm 12).

Quem não conhece aquele famoso texto paulino que diz: "Quem nos poderá separar do amor de Cristo?" (Rm 8,35ss.). São Paulo conclui assim: "... nada nos poderá separar do amor de Deus manifestado em Jesus Cristo Nosso Senhor" (Rm 8,39b).

De outros textos aprendemos que o nosso amor não é uma resposta e uma imitação do amor de Deus (1Jo 4,10ss.; Ef 5,1ss.); que o único caminho para chegar à vida eterna é o amor a Deus e ao próximo; que o amor é o novo e definitivo mandamento (Jo 13,34ss.).

Para concluir, recomendo a leitura de dois textos de São Paulo, que para mim são complementares: 1Cor 13, famoso, e Rm 12,9ss. Boa leitura!

13. Que é o ano do jubileu na Bíblia?

A palavra "jubileu" vem do latim *jubilum* (alegria), que é a leitura (mas não a tradução) da palavra hebraica *yobel.*

O *yobel* era o chifre de um carneiro, usado como uma espécie de corneta, que se tocava com força anunciando o início desse ano especial. Daí o nome: ano do *yobel,* do *jubilum,* do jubileu!

Mas que era então esse ano do jubileu?

Era o ano que vinha depois de sete anos sabáticos; como o ano sabático acontecia a cada sete anos, temos então o ano jubilar, ou do jubileu, que acontecia a cada cinqüenta anos.

Para entender o que acontecia no ano do jubileu, é preciso deixar claro que a Bíblia sabe bem o que significa "propriedade privada" e aceita bem a sua existência como um direito de todos. Por exemplo, fala-se normalmente da posse de rebanhos, de escravos, de terras. Essas posses deveriam, em linha de máxima, ficar como propriedade da família, que teria, porém, o direito de comprar ou vender as próprias terras.

A concepção de propriedade da terra era, por assim dizer, inspirada na promessa feita a Abraão. Deus prometeu a Abraão uma descendência e uma terra que deveriam ser administradas pelos seus descendentes (Dt 32,49, Lv 25,29). Mais tarde essa idéia entrou para fazer parte da narração da criação (Gn 12,7).

É por isso que os profetas levantam a voz contra todo modo ilegal e desonesto de aumentar a extensão das próprias terras: "Ai daqueles que juntam casa a casa e emendam campo a campo, até que não sobre mais espaço e sejam os únicos a habitarem no meio do país" (Is 5,8). E como faziam isso, com quais meios? "Vendem o justo por dinheiro e o necessitado por um par de sandálias; pisoteiam os fracos no chão e desviam os pobres do bom caminho", denuncia o profeta Amós (Am 2,6b-7a).

Aproveitando das dívidas acumuladas, os ricos e os desonestos apropriavam-se das propriedades dos mais fracos, dos pobres e indefesos. Para corrigir essa injustiça foi instituído o ano sabático, isto é, a cada sete anos a terra deveria descansar (não se plantava nada!) e as dívidas eram abolidas. E a cada sete anos sabáticos (7x7) deveria acontecer o ano do jubileu, durante o qual eram libertados os escravos, que se tornaram escravos por causa de dívidas, e as propriedades acumuladas, por causa das dívidas, deveriam ser devolvidas aos antigos proprietários. Desse modo se cancelaria as injustiças e se restabelecia o direito de propriedade da terra para todos, e não só para os mais ricos e desonestos. Isto, sem dúvida, era motivo de muita alegria! (Talvez foi esse o motivo pelo qual incorretamente a palavra hebraica *yobel* passou ao latim como *jubilum,* alegria!)

Na carta apostólica *Tertio millennio Adveniente* (10/11/1994), o Papa João Paulo II incentiva os cristãos a reclamarem um verdadeiro ano jubilar internacional para a dívida externa dos países pobres (n. 51). (Você sabia disso?)

Gostaria de convidá-los a ler essa carta apostólica e a divulgar essa proposta, que como vimos é radicalmente bíblica e de uma urgência e atualidade inegáveis! O jubileu deve ser um ano de alegria para todos!

14. Onde foi parar a Arca da Aliança? Ela ainda existe?

A Arca da Aliança (não confundir com a chamada arca de Noé) foi construída por ordem de Moisés, quando ainda estava no deserto. A arca, que provavelmente era feita seguindo um modelo egipciano (Moisés foi educado na corte do Faraó), servia para guardar e transportar as tábuas de pedra que continham as palavras da Aliança (os dez mandamentos).

Como o povo da Bíblia não tinha absolutamente nenhuma imagem de Deus, a Arca representava o símbolo mais importante, o único símbolo da presença de Deus que acompanhava o seu povo.

Além disso, sobre a Arca achava-se o propiciatório, assim chamado, que servia para o sacrifício de purificação dos pecados, feito somente pelo sumo sacerdote.

Assim durante quase seis séculos, desde a celebração da Aliança no monte Sinai até a construção do templo em Jerusalém, a Arca, com as Tábuas da Lei, andou de cá para lá. Algumas vezes foi capturada pelos inimigos durante uma guerra, mas sempre era reconquistada ou devolvida (falava-se que trazia desgraças para quem a tinha, com exceção dos hebreus, é lógico!).

A Arca era feita de madeira, mas tinha uma tampa muito preciosa, pois era toda folheada a ouro (alguns dizem que era de ouro maciço), por isso era um botim de guerra.

Quando Salomão, por volta do ano mil antes de Cristo, construiu o templo, foi justamente para que a Arca tivesse uma morada definitiva. Assim o templo de Salomão transformou-se na cela mais escondida e rica para a Arca. A Arca da Aliança morou no templo durante quase quatro séculos.

Mas em 586 a.C. Nabucodonosor, rei da Babilônia, conquistou a cidade de Jerusalém e destruiu o templo. Então o que aconteceu com a Arca?

Muito provavelmente a Arca foi destruída e a sua tampa de ouro foi fundida para ser levada para a capital Babilônia, junto com os outros objetos preciosos e junto com os deportados. Mas a partir daí surgiu uma lenda que se apóia em dois fatos:

— Em 2Rs 24,13ss., em que se faz uma pequena lista daquilo que Nabucodonosor levou ou destruiu, não se menciona a Arca da Aliança.

— O profeta Jeremias fala da Arca, e para consolar o seu povo diz que na nova aliança ela não será necessária (31,31).

Mas em 2Mc 2,4ss. fala-se de um documento no qual o profeta Jeremias teria dado ordem de esconder a tenda, a arca e o altar do incenso numa gruta do monte Nebo (de onde Moisés viu a terra prometida). Algum tempo depois alguns voltaram lá, mas não encontraram o lugar. "Quando soube, Jeremias repreendeu-os dizendo: 'o lugar ficará desconhecido até que Deus se mostre misericordioso e reúna novamente toda a comunidade do povo. Então o Senhor mostrará esses objetos'" (2Mc 2,7).

Mas o mesmo autor dos livros dos Macabeus não dá muita importância ao fato. É uma lenda: conta quem sabe, acredita quem quer!

E quem é capaz faz até um filme como o "O caçador da arca perdida", da série aventurosa de Indiana Jones.

15. O atual "muro das lamentações" tem alguma coisa a ver com o templo de Jerusalém do qual se fala na Bíblia?

A história do templo de Jerusalém começa com Davi que, uma vez que conquistou a cidade de Jerusalém e se tornou o rei de Israel, pensou em construir uma casa para Javé ao lado do seu palácio real. Deus rejeitou, porém, o seu projeto (2Sm 7,1-12).

Foi Salomão quem realizou o projeto do pai. Depois de sete anos de construção (taxas e trabalho forçado, causa da divisão do reino!?), o templo foi inaugurado com uma grande festa. Isso aconteceu por volta do ano 960 a.C.

A forma do templo era retangular, com 35 metros de

comprimento por 10 metros de largura. Era revestido internamente de madeira e continha vários objetos preciosos, entre os quais o mais precioso era a Arca da Aliança, com as Tábuas da Lei.

Quase quatrocentos anos mais tarde o templo de Jerusalém sofreu a sua primeira destruição. Foi no ano 587-586, quando Nabucodonosor conquistou a cidade e destruiu o templo, causando uma grande tristeza para o povo de Israel.

O exílio, porém, durou somente quarenta anos e com a vitória de Ciro foi dada aos israelitas a possibilidade de voltar para casa. Quando voltaram para casa, entre as obras de reconstrução estava, sem dúvida, aquela do templo. E assim foi. No ano 516-515 foi terminada a reconstrução do templo; o governador era Zorobabel. Os gastos maiores foram pagos pelo rei persiano Dario I, mas o acabamento interno ficou por conta do governador local (Esd 5,14ss.; 6,4-7).

Mais tarde, no ano 169 a.C., Antioco IV saqueou o templo (pegou o tesouro para sanar a economia do reino) e profanou (colocou lá uma imagem de Zeus, deus grego do Olimpo). Mas Judas Macabeu restaurou e consagrou novamente o templo, alguns anos mais tarde (1Mc 4,36-59).

No ano 20 a.C. Herodes, o grande, iniciou uma reestruturação do templo, que comportava também um aumento na parte exterior. Entre as várias modificações era prevista a construção de uma série de pórticos em volta do templo, mas a construção desses pórticos só era possível com a construção de muros de sustentação (Jerusalém está em cima de uma pequena colina e rodeada por outras um pouco mais elevadas). Esses trabalhos duraram até o ano 64 d.C.

A história do famoso templo de Jerusalém acaba poucos anos depois, quando as tropas do romano Tito Flávio destruíram para sempre o templo; era o mês de agosto do ano 70 da nossa era. Isso aconteceu quando se passaram apenas 6 anos do fim dos trabalhos iniciados por Herodes.

O que atualmente é chamado o "muro das lamentações" é justamente parte daqueles muros que serviram de fundamento para a construção dos pórticos (Jo 10,23).

Realmente era um muro, não propriamente do templo, mas dos fundamentos do grande pátio externo. Por que é chamado "das lamentações" pode-se deduzir facilmente da história: é ou não é o caso de lamentar-se?

16. Que é o "maná"? Que significado tem?

Essa palavra aparece pela primeira vez no livro do Êxodo 16,15: *man-hu,* que pode significar em hebraico: que é isto? Mas depois aparece sempre como um nome, isto é, como um substantivo com o artigo definido *haman,* traduzido: o maná (Êx 16,31.33.35; Dt 8,3.16).

Mas o que a Bíblia fala do "maná"? Podemos considerar sob três pontos de vista:

— O maná como alimento no deserto.

Muito brevemente, a descrição que encontramos na Bíblia não ajuda muito a saber como era realmente. Mas ainda hoje, naquele deserto, os beduínos usam como alimento suplementar umas bolinhas que caem de uma árvore. Diz-se que os hebreus se alimentaram durante quarenta anos com o maná, podemos dizer "também" com o maná, pois tinham rebanhos (Êx 12,38), frutas nos oásis (Êx 15,27) e além disso também cultivaram algum cereal nas paradas mais longas (Lv 8,26). Compraram também alimentos (Dt 2,6) ou saquearam algumas vezes (Nm 31,30) (era comum em caso de guerra).

— O maná como dom de Deus.

Durante a caminhada no deserto o povo reconheceu no maná um dom de Deus. O amor, o carinho de Deus, que cuidava do seu povo em todos os detalhes. A providência de Deus que não deixava faltar nada de necessário para a vida do seu povo. Essa é a idéia fundamental que está por trás da narração desse fato. Tanto é assim que o maná é relacionado com o sábado. Primeiro se diz que o maná não durava de um dia para o outro, estragava se fosse guardado (Êx 16,20), mas o que era recolhido nas vésperas do sábado não estragava, pois no sábado não se poderia recolher nada.

Além disso quer-se falar também da grandeza da providência divina, pois havia uma grande quantidade de maná, se calcularmos o que era necessário para alimentar toda aquela gente.

— O terceiro ponto de vista considera o maná como dom de Deus para os últimos tempos.

Mais tarde, sobretudo com os profetas, o tempo da salvação de Deus era concebido como uma nova juventude do povo (Jr 2,2); nos primeiros tempos pensava-se na caminhada no deserto, aí então o maná foi concebido como palavra de Deus, foi definido como "pão do céu" (Sb 16,20). O Novo Testamento desenvolve essa concepção e o maná é considerado um símbolo do alimento dos últimos tempos (Ap 2,17).

É nessa linha de pensamento que Jesus é proclamado como o verdadeiro "maná", ou seja, o verdadeiro pão descido do céu, o verdadeiro, o mais precioso, o definitivo dom de Deus, para o seu povo (Jo 6,49ss.).

Na celebração da ceia do Senhor a comunidade celebrava esse acontecimento. São Paulo fala do "alimento espiritual" e faz referimento ao tempo do deserto (1Cor 10,3-17).

17. Que é um ano litúrgico?

Temos duas palavras, "ano" e "liturgia", que merecem uma breve explicação, depois será mais espontâneo entender o que é um "ano litúrgico".

Ano, que vem do latim *annus,* do grego ενιαυτος e do hebraico vem da família do verbo *sanah,* que pode significar mudar, repetir, renovar. Dessa raiz vem a palavra *sanah,* que traduzimos como "ano". Para nós e também na Bíblia, essa palavra faz parte daquele conjunto de palavras que usamos para falar da medida do tempo (hora, dia, mês etc.). É interessante que na Bíblia a raiz da palavra "ano" signifique mudança, mas também repetição (como o tempo!).

A palavra liturgia (litúrgico) também merece a sua explicação.

No Antigo Testamento não encontramos essa palavra, mas quando se falava daquilo que faziam os levitas e os sacerdotes no templo, usava-se os verbos *abodah, seret,* que significam simplesmente "servir"; oferecendo os sacrifícios eles serviam a Deus e ao povo.

Quando traduziram a Bíblia para o grego (séc. III a.C.), esses verbos foram traduzidos por λειτουργειν (*leiton* = público + *ergon* = obra), que era o verbo usado para falar da obra ou da função pública que certas pessoas exerciam para o bem da população; em latim é *ministrare,* daí vem a palavra ministério para indicar uma função ou um serviço público.

Portanto, a palavra "liturgia" significa a ação, o serviço prestado publicamente.

Por isso quando tiveram de escrever em grego o que faziam os levitas e os sacerdotes no templo, isto é, a oferta dos sacrifícios pelo povo, usaram esse verbo e aquilo que faziam foi chamado "liturgia". Mesmo que em grego essa palavra tivesse um significado muito amplo, na Bíblia e no Novo Testamento quer dizer sempre uma função religiosa pública.

Então o que é um ano litúrgico? Podemos dizer que é a organização durante o ano, isto é, durante um período de tempo, das celebrações religiosas de caráter público, nas quais é presente e visível toda a comunidade com os seus membros e os seus ministros (liturgos).

Diz a carta aos Hebreus que Jesus Cristo é o nosso único sacerdote, foi ele quem fez o único serviço litúrgico (culto público em favor do povo!), uma vez para sempre.

A cruz foi o último ato público de Jesus (todos poderiam ver indiscriminadamente); foi o primeiro e até agora o único ato litúrgico de Jesus. O próximo ato público de Jesus será a sua vinda gloriosa no fim dos tempos!

Assim a nossa liturgia, e o nosso ano litúrgico, são a repetição sempre nova e transformada daquele ato de amor que Jesus fez sobre a cruz publicamente. Toda e qualquer festa religiosa celebrada durante o ano tem a sua raiz, tem o seu significado ligado à Páscoa de Jesus Cristo. É uma recordação do passado atualizada no presente com a esperança no futuro.

18. De onde vem o nome cristão, ele aparece na Bíblia?

Esse nome deriva da palavra grega χηριστ σ , que é a tradução em grego da palavra hebraica *mashah,* que significa o indicado, o ungido.

Esse título no Novo Testamento é aplicado a Cristo por excelência, é ele o indicado por Deus, o ungido do Pai, o "Messias", dizemos nós.

O nome *christianós* aparece pela primeira vez no Novo Testamento (e na Bíblia, é lógico!), nos Atos dos Apóstolos.

Assim escreve Lucas: "Barnabé foi, então, para Tarso em busca de Paulo. E o encontrou e o levou para Antioquia. Passaram um ano inteiro trabalhando juntos nessa igreja e instruindo muita gente. Foi em Antioquia que os discípulos receberam pela primeira vez o nome de 'cristãos'" (At 11,25-26).

Certamente não foram os judeus que criaram esse nome, porque não aceitando que Jesus fosse o Messias, o Cristo, não poderiam chamar de "cristãos" aqueles que acreditavam em Jesus.

Nem foram os mesmos seguidores de Jesus que se chamaram com esse nome, pois usavam entre eles outros nomes, como santos, irmãos, discípulos.

Então quem foi que, digamos assim, inventou esse nome? (por volta de 44 d.C.)

Muito provavelmente, ou quase com certeza, foram os gregos, os pagãos, como eram chamados os não-hebreus e os não-batizados. Mas o que queriam dizer com esse nome?

Este nome "cristão" pode significar duas coisas: primeiro que os cristãos pertenciam a Cristo e segundo que tinham com ele uma relação do tipo ministerial, em outras palavras, significava que os cristãos eram como servidores, ministros de um rei, Cristo. Por outro lado a palavra "Cristo" também pode significar "rei".

Um outro motivo que havia para chamar os seguidores de Jesus de *christianós* era para distinguir, entre os judeus, aqueles que acreditavam em Cristo daqueles que não aceitavam o evangelho de Cristo.

Esse nome não é muito usado no Novo Testamento; foi muito usado mais tarde pelos Padres da Igreja, seja os de língua grega (orientais) como os de língua latina (ocidentais).

Outras duas vezes aparece esse nome no Novo Testamento; uma é também no livro dos Atos dos Apóstolos 26,28; a outra é na primeira carta de Pedro 4,16, escrita em um tempo de perseguições e dificuldades: "Que nenhum de vocês tenha de sofrer por ser homicida, ou ladrão, ou malfeitor, ou intrigante; se, porém, sofrer por ser cristão, não fique com vergonha, mas dê glória a Deus por tal título" (1Pd 4, 15-16).

19. Qual o significado da palavra "amém"?

É uma palavra hebraica que deriva da raiz *mn,* que significa estar firme, ser firme, confirmar. A palavra "amém" como tal quer dizer: "assim seja" ou "em verdade".

Sem ser traduzida, isto é, na sua forma hebraica, passou a ser usada na liturgia, não só hebraica, mas também cristã e mais tarde muçulmana, como aclamação da assembléia.

No Antigo Testamento era uma expressão, uma exclamação, que indicava aprovação. E era usada justamente para retificar, para confirmar, que se aceitava como verdadeiro o que teria sido dito, fosse um juramento, uma promessa, um pedido, ou mesmo uma maldição (Jr 11,5; 28,6). Era usada também para falar da veracidade de Deus (Is 65,16), no qual lemos em português "Deus verdadeiro", em hebraico está escrito "Elohe amén".

Nos Salmos é utilizada para manifestar o louvor a Deus. Os cantores entoavam um louvor a Deus: "Seja bendito Javé, Deus de Israel, desde sempre e para sempre". E o povo respondia: "Amém, amém", isto é, "assim seja, assim seja".

No Novo Testamento, seguindo esse costume do Antigo Testamento, é quase sempre usada como uma invocação litúrgica dirigida a Deus Pai (1Cor 14,16; Ap 5,14) e como término de uma oração (Rm 1,25; 1Pd 5,11).

Quando essa palavra é usada por Jesus significa uma confirmação daquilo que foi dito: "amém, amém (em verdade, em verdade) digo a vocês..." No evangelho de São João encontramos várias vezes essa expressão (Jo 3,3; 5,19; 8,34).

Aparece uma vez no Novo Testamento aplicada a Jesus, do mesmo modo que era aplicada a Deus Pai no Antigo Testamento; isso significa que se considerava Jesus Cristo como merecedor da mesma glória que era atribuída a Deus no Antigo Testamento (Ap 3,14).

Mas quando dizemos "amém", no final das nossas orações, estamos usando essa expressão, essa palavra, com o significado que ela tinha na liturgia. Portanto, a tradução melhor neste caso não é "assim é", mas "assim seja", manifestando um desejo, mais que expressando uma certeza absoluta, mesmo que na fé a certeza exista.

20. Qual a origem e o significado do *Shabbath*?

A palavra *shabbath,* que é um substantivo, deriva da raiz do verbo *shabat,* que significa cessar, parar, abster-se, descansar. Daí que se a palavra *shabbath* fosse traduzida seria cessado, parado, descansado.

Este verbo *shabat* aparece pela primeira vez na Bíblia no livro do Gênesis, no final da primeira narração da criação, na qual lemos: "No sétimo dia, Deus terminou todo o seu trabalho e no sétimo dia descansou (cessou, parou) de todo o seu trabalho" (Gn 2,2). Aqui o verbo foi traduzido por "descansou" e em hebraico temos o verbo *shabat.*

Continuando, no versículo 3, lemos assim: "Deus então abençoou e santificou o sétimo dia, porque foi neste dia que Deus descansou (*shabat:* cessou, parou) de todo o seu trabalho como criador".

No tempo de Jesus o que caracterizava o dia de sábado era a abstenção total de qualquer tipo de trabalho, a participação na sinagoga, onde se lia e comentava a Escritura, e um jantar em comum, que poderia ser em família ou em grupo.

A proibição de trabalhar vem da Torá (Lei de Moisés ou Pentateuco), na qual encontramos duas motivações diferentes para justificar essa prática. Uma encontra-se no livro do Êxodo 20,8-11 (mandamentos), aqui a motivação é a mesma que encontramos no Gênesis: Deus que, cessando de criar, santifica o sétimo dia. A outra encontra-se no Deuteronômio 5,12-15. Aqui a motivação é a libertação do Egito, assim lemos: "Lembre-se: você foi escravo na terra do Egito e Javé seu Deus o tirou de lá com mão forte e braço estendido. É por isso que Javé seu Deus ordenou que você guardasse o dia de sábado" (Dt 5,15).

Essa motivação confere ao sábado duas características importantes: é um dia de alegria pela lembrança da libertação do Egito, e um dia de repouso, que deveria ser concedido aos próprios escravos estrangeiros por seus duros trabalhos cotidianos. Portanto, era um dia para agradecer o que Deus havia feito pelo seu povo e ao mesmo tempo para seguir o seu exemplo.

Fora dessas duas passagens fundamentais, não há nenhum outro texto que dê mais indicações ou motivações sobre o que fazer ou não nesse dia. Todas as outras indicações, que são numerosas, minuciosas e casuísticas, não são bíblicas, mas fazem parte da tradição dos rabinos, isto é, dos mestres de Israel, que quiseram regular até nos mínimos detalhes o preceito do sábado.

As polêmicas que encontramos nos evangelhos são ecos da discussão sobre o assunto que existia no tempo de Jesus entre as escolas dos rabinos.

Esse fato, das muitíssimas regras criadas para regular esse dia, é comentado com um pouco de humor ou talvez com ironia em um dos escritos antigos da tradição de Israel *(Mishinah)*, que diz assim: "As regras para o sábado são como montanhas cobertas com um fio de cabelo, a Escritura é escassa e as regras numerosas".

21. O Alcorão (dos muçulmanos), em alguns trechos, impõe normas de caráter jurídico. A Bíblia faz o mesmo?

Certamente quando lemos os primeiros cinco livros da Bíblia (Pentateuco), encontramos muitas leis, melhor dizendo é quase tudo lei, se excluímos o Gênesis e as partes narrativas do Êxodo.

De fato, em hebraico o Pentateuco é chamado Torá, que quer dizer justamente "lei".

Mas as leis, apesar de serem muitas, não eram suficientes para regular toda a vida de um povo, por exemplo, quase não existiam leis sobre o matrimônio ou sobre o comércio.

Os estudiosos dizem que as coleções de leis que encontramos na Bíblia não pretendem ser um código completo de leis civis e penais, porque naquele tempo e naquela região não havia verdadeiros códigos de leis, isto só aconteceria mais tarde com os romanos.

As leis da Bíblia, sejam as leis de direito civil como as leis de direito penal, manifestam a necessidade de deixar claro quais eram os valores fundamentais para a existência do povo e da sociedade. As leis mostravam o limite além do qual não era possível ultrapassar, sem colocar em risco a normal convivência da sociedade naqueles tempos.

No caso da Bíblia essas leis, que às vezes são princípios fundamentais (as chamadas leis apodícticas), outras vezes são indicações para resolver casos particulares (as chamadas leis casuísticas), revelam não só os valores culturais do povo de Israel, mas sobretudo os valores religiosos do povo eleito.

De fato, uma das diferenças fundamentais do povo da Bíblia com relação aos povos vizinhos é que para os vizinhos o rei era o legislador, isto é, era ele quem fazia as leis, enquanto que na Bíblia é Deus quem dita as leis a Moisés, o qual é somente o proclamador, diante do povo, dessas leis recebidas diretamente de Deus.

Mas para responder à pergunta, podemos dizer que no começo essas leis tinham um caráter jurídico, pois serviam para guiar as decisões jurídicas dos vários tribunais locais, como é para nós o Direito Canônico, no âmbito eclesial.

Com o passar do tempo os números das leis foram crescendo, também pela necessidade de atualização. Assim quando três séculos antes de Cristo o Antigo Testamento estava quase todo escrito, começou a formar-se a *halakah,* que era justamente a atualização das leis de acordo com as necessidades do tempo, sendo transmitida oralmente e só colocada por escrito séculos mais tarde.

Por isso podemos dizer que no tempo de Jesus as leis da Bíblia não tinham mais um caráter jurídico tão restrito, isto é, não eram aplicadas ao pé da letra, assim está escrito assim se faz. Por exemplo, a lei do Talião (olho por olho...) já não era aplicada, a pena de morte era reservada a casos muito graves.

Mas com isso não se quer dizer que as leis da Bíblia perderam o valor, pelo contrário, continuaram a ser o que sempre foram, indicações fundamentais e divinas dos valores que colocam o ser humano, a sociedade humana, no caminho da sua verdadeira e total realização.

Foi o que Jesus fez explicitamente em alguns casos (cf. divórcio), afirmar ou reafirmar os valores fundamentais que estão por debaixo das leis, o espírito da lei.

Foi Jesus mesmo quem disse: “Não pensem que eu vim abolir a Lei e os Profetas. Não vim abolir, mas para dar-lhes pleno cumprimento” (Mt 5,17).

22. Qual a diferença entre astrologia e astronomia, entre milagre e magia?

Se consultarmos um dicionário, vamos encontrar que astrologia é a arte de adivinhar o futuro por meio da observação dos astros. Para a astronomia, está escrito que é a ciência que estuda as leis dos astros e os fenômenos celestes.

Portanto, vemos que a astronomia é uma ciência e isso quer dizer que se trata de conhecimentos racionais adquiridos através do estudo dos astros e das suas leis, enquanto que a astrologia não se baseia somente em estudos e observações, mas também em certas intuições que fogem ao alcance da ciência. Além disso, o astrônomo deseja somente conhecer as leis, enquanto que o astrólogo deseja conhecer o futuro baseando-se na observação dos astros: sol, lua, estrelas e cometas.

A astrologia é muito antiga e já era praticada pelos egípcios há milhares de anos, e também no Oriente. Um bom testemunho disso encontramos no evangelho de Mateus, que nos fala que os magos para encontrar o menino Jesus seguiram uma estrela, ou um cometa (Mt 2,1-10). Esses magos eram astrônomos ou astrólogos? Ninguém pode saber com certeza; o fato é que no passado essas duas atividades andavam juntas. Só mais tarde com o nascimento e o crescimento do racionalismo e das ciências naturais chegou-se a uma separação.

Na Bíblia não encontramos nenhuma forma de condenação à arte da astrologia, se bem que os profetas de Israel nunca lançaram mão da arte da astrologia para buscar conhecer o futuro, eles sabiam o que Deus lhes fazia conhecer e isso bastava, nunca buscavam especular.

Mas se falamos de milagre e magia aí encontramos uma boa diferença.

O milagre é qualquer fenômeno que se pense (cf. dicionário), seja produzido por uma força sobrenatural enquanto foge às normais leis da natureza (é sinônimo de graça, prodígio, coisa não esperada, incrível). Na Bíblia todo milagre está ligado diretamente a Deus, é fruto exclusivo da sua bondade, da sua misericórdia, do seu amor. Não se pode fazer nada para que Deus seja obrigado a fazer um milagre em nosso favor, mesmo assim ele o opera e o faz na maioria das vezes através de alguns dos seus servidores. O milagre está relacionado diretamente com a fé de quem o faz e de quem o recebe.

Enquanto que da magia se diz que é a arte supersticiosa de quem acredita saber operar prodígios e encantamentos. A magia é fruto da pretensão humana, que acha que pode dominar tudo. É o desejo morboso de entrar no espaço dos deuses e fazer o que só eles são capazes, ou mesmo obrigá-los a fazer o que queremos.

Por isso na Bíblia a magia é sempre condenada, pois de um modo ou de outro é uma forma de querer controlar Deus ou de fazer coisas que só ele é capaz. Faço algo e desse modo obrigo Deus a fazer uma coisa que quero, esse é o fundamento dos rituais de magia. Seja ela magia branca ou magia negra, é sempre condenada pela Palavra de Deus.

Vida após a morte

1. Uma amiga crente disse-me que na Bíblia não está escrito que se deve rezar pela alma dos mortos. Isso é verdade?

É verdade, mas ao mesmo tempo não é. Explico-me!

A primeira coisa muito importante que temos de levar em consideração é que para o povo da Bíblia, quase até o tempo de Jesus, não se pensava no ser humano como um ser dividido em duas partes, isto é, corpo e alma. Não se pensava que existia uma alma, que uma vez separada do corpo tivesse uma vida quase independente depois da morte. Em outras palavras, eles não concebiam a imortalidade da alma, como acontecia na filosofia grega. O ser humano era *basar* (carne) com o *nefes* (sopro vital) que vinha de Deus.

O povo da Bíblia interrogava-se sobre a vida do ser humano após a morte e não sobre o lugar para onde ia a sua alma depois da morte. Sendo assim não tinha sentido falar de oração pelas almas dos mortos.

Mas houve uma evolução nesse modo de ver as coisas, que aconteceu sobretudo depois que o povo da Bíblia entrou em contato com a cultura grega, que começou a espalhar-se com a conquista de Alexandre Magno. Para facilitar podemos dividir essa evolução em três fases:

— Num primeiro momento, pensava-se que após a morte todos iam para o reino dos mortos, lugar sem esperança de salvação (Sl 88), onde quase não se vivia e de onde não se podia voltar atrás (Jó 16,22).

— Num segundo momento, acreditava-se que Javé, Deus, tivesse poder também no *sheol*, isto é, no lugar de moradia dos mortos (Sl 22 e 139,8).

— Como terceira fase, podemos dizer que foi crescendo a convicção de que neste "reino dos mortos" havia certa repartição, havia diferença entre o lugar que ocupava o justo e o que não era justo (Lc 16,23). Pensava-se, portanto, que mesmo após a morte existia uma recompensa para quem fez o bem (Sb 4,14).

Assim, já muito próximo do tempo de Jesus, no segundo livro dos Macabeus, fala-se de certa ressurreição dos mortos, no capítulo 7, e logo depois no final do capítulo 13, fala-se em rezar pelos que tinham morrido numa batalha especial contra o inimigo. É nesse contexto especial que se fala da possibilidade e da utilidade de rezar pelos mortos. Acontece, porém, que os nossos irmãos crentes não aceitam esse livro como sendo Sagrada Escritura, isto é, esse e outros livros mais não foram inspirados pelo Espírito Santo. Por isso, para eles a Bíblia nunca fala em rezar pelos mortos.

São Paulo, por exemplo, escreve assim: "Sabemos que quando a nossa morada terrestre, a nossa tenda, for desfeita, receberemos de Deus uma habitação no céu, uma casa eterna não construída por mãos humanas" (2Cor 5,1). Ao final da sua breve reflexão sobre a morte, escrevendo à comunidade de Coríntios, Paulo conclui dizendo: "De fato, todos deveremos comparecer diante do tribunal de Cristo, a fim de que cada um receba a recompensa daquilo que tiver feito durante a sua vida (no corpo), tanto para o bem como para o mal" (2Cor 5,9-10). Sabemos que compareceremos diante desse tribunal após a nossa morte. Rezar pelos mortos é, portanto, estar presente, é fazer companhia a eles nesse momento único da existência de cada ser humano, no qual tempo histórico e eternidade se cruzam numa decisão definitiva. Uma decisão eterna que não pode ser feita aqui neste mundo, nesta vida. A nossa oração pelos mortos é um gesto de amor, que é presença amiga e intercessão. Acompanhamos, através da união com Deus, os nossos irmãos e irmãs neste momento mais importante da vida que acontece depois da morte. Tudo isso é profundamente bíblico! Podem crer!

Virtudes

1. Que é um carisma?

É uma palavra que, na maioria das vezes, é simplesmente transcrita, isto é, passa-se diretamente do grego ao português sem traduzir, sem revelar o seu significado.

A tradução de "carisma" significa dom ou presente. Normalmente essa palavra não é traduzida, porque é uma daquelas palavras que carrega consigo um rico significado teológico, e pensa-se que com a tradução se possa perder esse seu valor teológico.

Portanto, a simples tradução e, mais ainda, a explicação dessa palavra já são um raciocínio teológico. Vamos lá!

"Carisma" é o meio e o modo com os quais o Espírito Santo, dom do Cristo ressuscitado, age em cada batizado para o seu bem próprio e o bem da sua comunidade.

Esses "dons" são comunicados no batismo, portanto não é correto considerá-los apenas pelas manifestações extraordinárias e sensacionais, como descritas no Novo Testamento ou como pode acontecer também hoje em determinadas condições.

Segundo as indicações de Paulo, na primeira carta aos Coríntios, capítulos 12 e 13, os carismas fundamentam-se e desenvolvem-se a partir das atitudes naturais da cada um, o que também já é um dom de Deus.

Mas São Paulo sublinha, sobretudo, que todo e qualquer carisma é subordinado ao Amor, e que o carisma não se trata de uma revelação privada, ou um privilégio, para uso pessoal ou até mesmo de um pequeno e estreito grupo de pessoas escolhidas.

Um carisma é grande e importante tanto quanto serve para alimentar a fé e o amor da comunidade cristã e não só.

Uma questão que se abre quando se fala em "carisma" é o relacionamento das pessoas que são, ou se dizem, carismáticas com as autoridades hierárquicas da Igreja, isto é: diáconos, padres e bispos. Um relacionamento muitas vezes conflitivo.

Mas o fato é que não há nenhuma oposição entre carisma e autoridade, pois como diz São Paulo: "Há dons diferentes, mas o Espírito é o mesmo; há diferentes serviços, mas o Senhor é o mesmo; há diferentes modos de agir, mas é o mesmo Deus que realiza tudo em todos" (1Cor 12,4-6).

E aqui é bom lembrar, e não esquecer nunca, de que um dos serviços que a autoridade presta à comunidade é justamente o discernimento dos carismas. Por outro lado, não se deve esquecer de que também o carisma é dado para a edificação da comunidade.

As divergências que acontecem sobre esse assunto nas nossas comunidades cristãs não se podem atribuir, de nenhuma forma, a uma dificuldade de leitura ou interpretação da Palavra de Deus. Quem lê com atenção o que está escrito, percebe bem isso!

Os conflitos e as brigas são frutos da pouca humildade de uns e de outros; da concepção da autoridade simplesmente como poder, que é contra o espírito evangélico; do uso e abuso dos dons do Espírito para conquistar fama e glória humana. Mas apesar de tudo, Deus não retira os seus dons e nem diminui o poder de quem é chamado ao ministério.

As autoridades eclesiais e os carismáticos deveriam aprender de memória guardar no coração e viver conforme está escrito em dois importantes capítulos "treze": aquele do evangelho de João (lava-pés) e aquele da primeira carta de Paulo aos Coríntios (hino ao amor).

2. O que a Bíblia nos diz sobre a liberdade?

Se lermos com atenção o segundo e o terceiro capítulos do livro do Gênesis, vamos perceber que a liberdade é concebida como condição fundamental do ser humano.

No começo da Bíblia, a liberdade é apresentada como um precioso dom de Deus, um Deus que não parece preocupar-se muito com as possíveis conseqüências de um chamado "mal uso da liberdade". Deus criou-nos livres, essa é a grande verdade que muita gente ainda faz questão de não entender.

O povo da Bíblia chegou a essa fundamental conclusão através de uma atenta observação da própria história. De fato, cada vez que o povo da Bíblia encontrou-se em uma situação na qual estava em jogo a sua liberdade, e com isso a própria identidade e capacidade de ser, Deus agiu para libertá-lo, garantindo assim a sua existência.

Essa é a história do Êxodo (cf. Êx 3,7-22; 5,1ss.; 6,6; Dt 7,8). Mais adiante foi a vez do retorno do exílio babilônico (cf. 2Cr 36,17-21), vivido como um segundo êxodo. Um pouco mais tarde ainda foi a vez da guerra de libertação dos irmãos Macabeus (1Mc 2,19-22; 14,29).

Em todos esses casos, Deus interveio porque ele pretende dialogar com pessoas livres e não com escravos ou servos. A condição para dialogar com Deus é ser livre e ele liberta-nos para esse diálogo. Um diálogo que é baseado fundamentalmente no amor.

É claro que muitas coisas ameaçam a nossa liberdade e na Bíblia fala-se muito disso. Quem busca exasperada e exageradamente a riqueza, o poder e o próprio prazer, a qualquer preço, coloca em sério risco a própria liberdade e a liberdade alheia (cf. Êx 16,3).

Quem transgride voluntária e repetidamente as leis da natureza, as leis da convivência social e a lei da própria consciência, santuário último de Deus, também coloca em sério risco a própria liberdade e a do próximo.

Se o Antigo Testamento parece preocupar-se mais com a liberdade externa, isto é, social e política, o Novo Testamento dedica-se sobretudo ao aspecto mais íntimo e pessoal da liberdade. No fundo somente homens e mulheres livres podem construir uma sociedade na qual se vive e se respira um clima de liberdade.

Sendo assim, podemos encontrar no Novo Testamento todas as indicações necessárias para manter e usar bem esse precioso dom de Deus, que é a nossa liberdade.

São muitos os textos em todo o Novo Testamento nos quais se trata esse argumento, mas a chamada "Carta Magna" da liberdade cristã é a carta de São Paulo aos Gálatas.

Para concluir podemos dizer que mesmo se na Bíblia muitas vezes se fala do pecado como conseqüência do mal uso da liberdade, em nenhum lugar da Bíblia encontramos uma frase que diz que Deus tenha-se arrependido de ter criado o ser humano livre.

Quem propõe uma "rígida disciplina" como coerção da liberdade, pensando que assim se evita o mal, não entende nada do modo de agir de Deus, pois Deus quer o amor e para amar é absolutamente necessário ser livre.

3. O que a Bíblia nos diz sobre a paciência?

Antes de tudo, é bom dizer que na Bíblia ser paciente não significa aceitar passivamente as dificuldades. A paciência na Bíblia é o esforço de enfrentar as dificuldades ativamente e com constância, de modo que sejam superadas.

Quando a Bíblia nos diz que "Deus é paciente", está querendo dizer que ele é, como reza o Salmo 103,8, "compaixão e piedade, lento para a cólera e cheio de amor" (cf. Rm 2,4).

Como diz o ditado popular: "a paciência é a virtude dos fortes". Então, quando a Bíblia nos diz que Deus é paciente, não está querendo dizer que ele é fraco ou que se faz fraco por um tempo. O tempo da paciência de Deus é uma manifestação do seu poder, mas é sobretudo revelação da sua capacidade de amar, que é infinita. Assim Deus que ama infinitamente faz de tudo para manifestar o seu amor ao seu povo e ao mesmo tempo tem a força de ser paciente na espera da aceitação e da resposta.

E nesse tempo de "paciência", Deus não fica de braços cruzados, muito pelo contrário, ele continua fazendo o que pode para que o seu amor seja aceito e correspondido.

A parábola do agricultor e da sua vinha, tão usada pelos profetas no Antigo Testamento, e a parábola da figueira, que encontramos no evangelho de Lucas, ilustram-nos esse modo de agir de Deus.

São Lucas, na parábola da figueira, que foi encontrada sem frutos, diz que o dono da vinha aceita deixar a figueira por mais um tempo. Mas o agricultor diz: "Vou cavar em volta dela e pôr adubo" (Lc 13,8-9). Uma pequena demonstração de que o "tempo de paciência" não seria transcorrido passivamente. Mover a terra em volta dessa figueira, colocar um pouco de adubo, em outras palavras, esperar pacientemente sim, mas de braços cruzados não!

Na Bíblia, a esse modo de agir de Deus corresponde o modo de agir também dos seres humanos. Assim, por exemplo, no livro dos Provérbios diz-se que ser paciente não significa somente aceitar as contrariedades da vida, mas também ter a consciência de que Deus pode mudar as coisas (Pr 16,32; Lm 3,26). Nesse caso a paciência vai de braços dados com a fé e a esperança, pois Deus nunca deixa de ser presente de um modo ativo na nossa história.

Exemplo de paciência no Novo Testamento são Abraão, os profetas, Jó e Cristo (cf. Hb 6,12-15; Tg 5,7s.; 1Pd 2,20ss.).

Tudo isso pode ser aplicado seja para as pequenas contrariedades e dificuldades da vida cotidiana, nas quais a paciência pode impedir-nos de atropelar as pessoas que convivem conosco, seja também para os graves problemas sociais que existem em nosso país. Nesse caso diz-se que é preciso ter "paciência histórica".

Infelizmente muita gente já gastou uma enorme quantidade de energia e capacidade em vão só porque não tiveram a paciência de esperar. E muita gente vai gastar ainda muita energia em vão se não aprender que certas mudanças, individuais ou coletivas, podem acontecer somente a partir do interior da liberdade de cada pessoa.

É justamente ali, no interior de cada um, onde só Deus entra com muitíssimo respeito, muita paciência, mas também muito ativo.

4. Que podemos dizer sobre o humor na Bíblia?

A pergunta é interessante e pertinente, pois já tive a possibilidade de encontrar vários livros, não muitos para dizer a verdade, que se propunham a tratar desse assunto. Para dizer a verdade, o resultado não é muito satisfatório, pois em toda a Bíblia existe o que os estudiosos chamam de "lei da economia". Mas de que se trata essa lei da economia?

Podemos explicar dizendo que naqueles tempos escrever não era nada fácil. Poucos eram capazes de escrever, o material usado era de difícil uso e as letras deviam ser praticamente desenhadas. Sendo assim, só se escrevia o que era necessário, o resto dava-se por entendido.

No caso da Bíblia, as narrações, na maioria das vezes, cobrem um longo período histórico. Sendo assim, muitas coisas não eram ditas, a menos que não fossem necessárias para o entendimento da mensagem que se queria transmitir. Por exemplo, raras vezes na Bíblia fala-se dos sentimentos dos vários personagens, e quando se diz que alguém provou tal ou qual sentimento, é porque aquela notícia, digamos assim, era importante para compreender a história narrada.

Um único exemplo: quando a filha do Faraó achou o menino que chorava dentro da cesta, à beira do rio, diz-se que "ela se compadeceu". Pois bem, foi essa "compaixão" que salvou a vida de Moisés, sem o qual não haveria o êxodo. Como vemos, esse sentimento da filha do Faraó era muito importante.

O mesmo acontece com o que chamamos "humor", ou seja, o lado cômico da vida. É bem verdade que se lermos a Bíblia com atenção, vamos perceber que os autores bíblicos deixam transparecer várias vezes o lado humorístico da vida.

Outro exemplo: se lermos Atos dos Apóstolos, 19,13ss., fala-se de alguns exorcistas judeus que também invocaram o nome de Jesus, como faziam os apóstolos.

Lucas conta-nos com um tom, direi, humorístico que à ordem dada pelos exorcistas o espírito mau reagiu dizendo: "Conheço Jesus e Paulo, mas vocês quem são?" E Lucas continua narrando que o "possuído" pulou em cima desses exorcistas com tanta violência que eles tiveram de fugir pelados e cheios de feridas (At 19,13-16).

Se imaginarmos essa cena, até podemos rir, se bem se trate de um coisa séria. Como esse, há outros lugares na Bíblia nos quais o escritor bíblico deixa entender ou diz diretamente coisas desse tipo, mostrando o lado cômico das situações.

Outra coisa que também podemos encontrar na Bíblia é a ironia, como no caso do episódio da Torre de Babel (Gn 11,1-9) ou no começo do livro do Êxodo, quando as duas parteiras desrespeitam as ordens do Faraó e, quando são chamadas em sua presença, apresentam desculpas que o enganam, que com todo o seu poder não pôde nada contra aquelas mulheres (Êx 1,15-21).

Para terminar, dou uma dica aos nossos leitores: se vocês quiserem saber mais sobre isso, devem ler a Bíblia com paciência e atenção e ela revelará a vocês todos os seus segredos, inclusive o seu lado cômico.

Afinal de contas a Bíblia surge da vida e a vida tem também o seu lado humorístico, o seu lado cômico.

5. Que é o temor de Deus?

Antes de tudo é necessário dizer que o "temor de Deus" não é a mesma coisa do medo de quem se coloca diante de um ser Todo-Poderoso.

O "temor de Deus" é o comportamento de quem toma em consideração a realidade por aquilo que é, isto é, Deus é Deus. Sendo assim, o temor de Deus é uma forma de homenagem que o ser humano presta a Deus; por isso na Bíblia a manifestação do temor de Deus pode muito bem ser acompanhada pelo júbilo e pela alegria do louvor (cf. Sl 47,3).

Além do mais, o temor de Deus também está relacionado com a consciência da "santidade" de Deus (Êx 15,11), e é bom lembrar de que nesse caso santidade não é antes de tudo uma qualidade moral, mas sobretudo a fundamental e permanente diferença e distância que há entre o Criador e a criatura, entre Deus e os seres humanos.

Uma coisa interessante é que, na história do povo da Bíblia, quanto mais a Lei escrita foi colocada em posição de destaque, isto é, quanto mais a Lei foi tornando-se a única mediação entre Deus e o povo eleito, tanto mais o temor de Deus transformou-se no medo de não respeitar todos os decretos e preceitos da Lei (cf. Jó 28,28). E assim o temor de Deus transformou-se numa espécie de fixação, numa rigidez moral, que exigia a observação rigorosa dos mínimos detalhes da Lei e dos preceitos derivados.

Foi essa a situação de uma exasperada observação da Lei que Jesus encontrou no seu tempo. Era uma situação tão ambígua, que tudo isso levava a esquecer o verdadeiro temor de Deus. Pois, pensava-se que quem cumpria todos os decretos e preceitos da Lei, encontrava-se a posto com Deus.

O resultado era que Deus ficava tão distante, era até proibido pronunciar o seu nome, que ninguém mais escutava a sua voz, tudo passava por uma observação exterior da Lei. Foi contra essa mentalidade que Jesus combateu durante a sua vida.

Depois foi São Paulo quem combateu contra essa mentalidade, com todas as suas forças, à luz da sua fé em Jesus Cristo, morto e ressuscitado (cf. carta aos Gálatas).

São Paulo mostra-nos que o dom do Espírito Santo, que nos faz filhos de Deus, liberta-nos desse tipo de medo, ou seja, dessa fixação com o cumprimento de leis e preceitos exteriores. Pois o temor de Deus não é uma questão de ética, isto é, de cumprimento ou não de certas leis e preceitos, mas é um sentimento profundo, um comportamento de quem ama e tem "temor" de ofender a pessoa amada.

Temer a Deus é antes de tudo amar a Deus, é acreditar no seu amor, é aceitar o seu amor que se faz presente na nossa história pessoal e coletiva (cf. 1Jo). Só pode ter um verdadeiro temor de Deus quem conhece a Deus, e só conhece a Deus quem ama a Deus e deixa-se amar por ele.

Para concluir, podemos dizer que o verdadeiro temor de Deus só pode nascer ao pé da cruz de Jesus Cristo, imagem eterna do amor divino.

6. Que encontramos na Bíblia sobre a esmola?

No Antigo Testamento, a esmola era muito apreciada e considerada como um ato de justiça no confronto dos pobres, das viúvas, dos órfãos.

Era feita de muitas maneiras, por exemplo, quando se fazia a colheita do trigo ou do orço, não se deveria recolher tudo que caía no chão, mas se deveria deixar como esmola para os pobres. Do mesmo modo, quando se fazia a colheita da uva ou das olivas, não se deveria recolher aquelas que estavam nas beiradas, pois deveriam ficar para os pobres.

A motivação era dada por Deus mesmo, que recordava ao seu povo que a libertação da escravidão do Egito havia acontecido graças à sua misericórdia, que teve pena do sofrimento do povo. Do mesmo modo eles deveriam agir no confronto dos irmãos necessitados (Lv 19,15; Lv 25,42; Dt 15,15).

Com a forte crítica dos profetas dirigidas contra um culto totalmente exterior, as esmolas ganharam mais valor que os jejuns e os sacrifícios (Is 58,6ss.).

As esmolas serviam assim para obter o perdão dos pecados, assim lemos no livro de Tobias: "A esmola livra da morte e purifica de todo pecado. Quem pratica esmola, terá vida longa" (12,9). Pensava-se também que no tempo da salvação de Deus as esmolas seriam supérfluas, pois ninguém mais passaria necessidade alguma.

Em vários trechos do Antigo Testamento se diz que o dever de fazer esmola era sobretudo em relação aos pobres do próprio povo (Lv 25,35).

O Novo Testamento, ao mesmo tempo que herda esse grande valor dado à esmola pelo Antigo Testamento, acrescenta outros:

— Jesus fala que será um critério de julgamento para o juízo final (Mt 25,31-45).

— É um modo de preparar-se para o tempo da salvação de Deus (Lc 10,25-37).

— Deve ser dirigida a todos e não somente aos membros do próprio grupo ou povo (Lc 12,33-34).

— Não deve ser um gesto exterior somente para aparecer, talvez dando aquilo que é supérfluo ou, pior ainda, esperando ganhar fama diante dos outros (Mt 6,1-4).

O Novo Testamento, sobretudo, diz-nos que o fato de dar esmola não exclui ou elimina a necessidade de lutar e trabalhar para a mudança das estruturas injustas que criam os pobres e os mantêm como tal.

A esmola, conforme o Novo Testamento, não é simplesmente o fato de dar uns trocadinhos ao mendigo, mas como já no Antigo Testamento, é um verdadeiro ato de justiça no confronto dos pobres, que muitas vezes exige sacrifício e compromisso de quem a faz (Mc 10,21).

7. Espírito e matéria são opostos? Que diz a Bíblia?

Em um primeiro momento poder-se-ia pensar que essa é uma pergunta filosófica mais que bíblica, e para responder seria melhor um filósofo. É verdade!

Acontece que a Bíblia também tem alguma coisa a dizer sobre esse assunto! É verdade que não encontramos na Bíblia escritos filosóficos, como aqueles dos famosos filósofos gregos, mas é verdade também que podemos descobrir através dos escritos bíblicos respostas às questões que pensamos somente que os filósofos gregos ou modernos podem responder.

A Bíblia diz-nos que tudo foi criado por Deus (Gn 1—2). O homem para a Bíblia é uma totalidade, não é um composto de corpo (matéria) e alma (espírito). Esses dois termos não indicam duas partes do homem, mas dois modos de ser de todo o homem. O ser humano (homem e mulher) não "tem" a alma, ele "é" alma, isto é, um ser vivente. Não "tem" a carne, mas "é" carne, isto é, um ser que passa e espera.

Assim, quando alma *(nefse)* e carne *(basar)* encontram-se juntos num mesmo texto (cf. Sl 84,3), não indicam duas partes do ser humano, mas dois aspectos da condição humana. E quando não estão juntos, um termo vale pelo outro para referir-se ao ser humano (cf. Sl 63,2).

Para a Bíblia (AT e NT), o ser humano não é concebido como uma natureza abstrata, mas como um ser concreto. É feito com o pó da terra (*admah* = adão), mas tem em si o "respiro vital" *(ruah)* de Deus (Gn 2,7). Além disso não é um ser isolado, mas pertence a um todo.

O dualismo, que vem da filosofia grega, é o modo de considerar o ser humano formado por duas partes de origem diferente: por um lado temos a alma, a parte espiritual, que provém do mundo divino e seria a parte boa; por outro lado temos o corpo, a parte material, que atrai o ser humano para baixo e o faz prisioneiro do mal, cuja origem está na matéria. Neste caso, matéria e espírito são opostos não só na formação do ser humano, mas também na formação do mundo.

Segundo essa concepção antropológica, isto é, esse modo de conceber o ser humano, a salvação consiste em libertar a alma que se encontra prisioneira no corpo, isto é, na matéria.

Dois caminhos são possíveis: um propõe o desprezo total da parte material, dos prazeres do corpo que deve ser mortificado; o outro diz que não importa o que fazemos com o corpo ou no corpo, pois o que vale mesmo é a parte espiritual; a busca dos prazeres carnais em nada afeta os caminhos do espírito, pois são duas entidades separadas.

Esse modo de pensar dualista, que é fruto de um ramo da filosofia grega, exerceu um grande fascínio entre as primeiras gerações cristãs e, de certo modo, condicionam ainda o pensamento, a espiritualidade e a vida cristã atualmente.

Ora, a Bíblia não diz que Jesus veio para salvar a nossa alma em contraposição ao nosso corpo. Jesus Cristo é o único salvador do ser humano (homem e mulher), como a Bíblia o considera, isto é, uma totalidade que é espírito que vem de Deus e matéria que também foi criada por Deus.

A fé na ressurreição de Cristo e na nossa, coisa inaceitável para os gregos (At 17,32), é a prova maior de que matéria e espírito não estão em oposição, mas são dois aspectos do ser humano e do mundo onde vive e viverá. O livro do Apocalipse fala de "novos céus e nova terra" (Ap 21,1).

Vocação

1. Por que na Bíblia todas as pessoas que são chamadas por Deus colocam objeções de vários tipos?

Isso é bem verdade! Todas as vezes que na Bíblia se narra a convocação que Deus faz a uma pessoa, para determinada missão, o convocado ou convocada coloca as suas objeções. Vejamos, em breve, alguns exemplos clássicos:

Maria, que é convocada para ser mãe, responde: "Como vai acontecer isto, se não vivo com nenhum homem?" (Lc 1,34).

Jeremias, que é convocado para ser profeta, responde: "Ah, Senhor Javé, eu não sei falar, porque sou ainda uma criança" (Jr 1,6).

Isaías, também chamado para ser profeta, já havia programado a sua boa desculpa para não aceitar a difícil tarefa: "Ai de mim, estou perdido! (diz ele.) Sou um homem de lábios impuros e vivo no meio de um povo de lábios impuros" (Is 6,5).

Na narração da vocação do profeta Ezequiel praticamente não há um diálogo, mas Deus deve fazer um longo discurso no qual praticamente elimina todas as objeções do profeta e por um momento diz claramente: "Mas você, criatura humana, obedeça ao que vou lhe dizer. Não seja rebelde como essa casa de rebeldes" (Ez 2,8).

Há outros exemplos, mas vejamos um último, aquele de Moisés, considerado o maior dos profetas, o profeta por excelência, o único em todo o Antigo Testamento que sustentou um diálogo cara a cara com Deus. Pois bem, esse grandíssimo profeta coloca nada mais nem menos que cinco objeções a Deus antes de aceitar a missão de libertador. "Tais brincando!" Diria um Moisés carioca!

Depois, um pouco mais sério disse: "E se perguntarem pelo nome do Deus que me envia?" Deus responde, mas Moisés insiste: "E se eles não acreditarem em mim, nem fizerem caso?" Uma vez mais Deus responde como se deve e até doa a Moisés provas concretas, mas ele insiste: "Meu Senhor, eu não tenho facilidade para falar..."

Um belo exemplo de indisponibilidade, somos levados a pensar! Mais ainda, quando depois de todas as explicações da parte de Deus, Moisés conclui dizendo: "Não, meu Senhor, envia quem quiser, mais eu não vou!" O texto bíblico continua dizendo que "Javé ficou irritado com Moisés". Então comunicou-lhe que Aarão, seu irmão, seria seu companheiro e porta-voz e praticamente obrigou Moisés a partir para o Egito (cf. Êx 3-4).

Depois de ver esses exemplos, que todos mais ou menos conhecemos, podemos responder à pergunta do leitor dizendo o seguinte: Na Bíblia as narrações de vocações, como as que vimos, seguem todas um esquema, no qual a objeção do convocado faz parte do esquema. Por quê? A motivação é esta: sublinha-se, acentua-se, manifesta-se, coloca-se em evidência com essas objeções a absoluta gratuidade de toda vocação humana. É Deus quem escolhe, convoca e envia a determinada missão quem ele quer. E assim faz avançar o seu projeto amoroso. Com outras palavras podemos dizer que nem Jeremias, nem Isaías, nem Ezequiel, nem nenhum dos profetas decidiram ser profetas por conta própria. Não foi Maria que, santa e piedosa, acordando uma manhã com a vontade de ser a mãe de Jesus, ligou para Gabriel marcando uma audiência divina. A mesma coisa vale para Moisés!

E para deixar isso bem claro a Bíblia nos fala, então, das suas muitas objeções, cinco. E como, mesmo depois das várias explicações de Deus, ele, Moisés, disse um "não" que irritou Deus. Sendo assim, ninguém mais tarde poderia acusar Moisés de querer liderar o seu povo por sede de poder, para proveito próprio ou por outro motivo qualquer. Ele simplesmente obedecia a Deus que queria ver o seu povo livre da escravidão para ser o seu povo eleito. Jesus também fez a sua objeção! "Pai, se queres, afasta de mim este cálice!" (Lc 22,42a). Mas esta crucificação é mesmo necessária? É sim! Infelizmente a cruz era uma passagem obrigatória, por causa do pecado humano, mas aceita pelo Pai, por causa do seu amor infinito! E Jesus não teve escolha: amou, objetou e, ao fim, obedecendo, libertou-nos!

Índice

Índice de temas